횡설수설하지 않고
**똑 부러지게
핵심을 전달하는 법**

횡설수설하지 않고

똑 부러지게
핵심을 전달하는 법

임정민 지음

아무리 좋은 내용도 전달되지 않으면 소용없다

메이트북스

메이트북스 우리는 책이 독자를 위한 것임을 잊지 않는다.
우리는 독자의 꿈을 사랑하고,
그 꿈이 실현될 수 있는 도구를 세상에 내놓는다.

횡설수설하지 않고 똑 부러지게 핵심을 전달하는 법

초판 1쇄 발행 2024년 8월 2일 | **지은이** 임정민
펴낸곳 (주)원앤원콘텐츠그룹 | **펴낸이** 강현규·정영훈
편집 안정연·신주식 | **디자인** 최선희
마케팅 김형진·이선미·정채훈 | **경영지원** 최향숙
등록번호 제301-2006-001호 | **등록일자** 2013년 5월 24일
주소 04607 서울시 중구 다산로 139 랜더스빌딩 5층 | **전화** (02)2234-7117
팩스 (02)2234-1086 | **홈페이지** matebooks.co.kr | **이메일** khg0109@hanmail.net
값 18,000원 | **ISBN** 979-11-6002-900-0 03320

남의 입에서 나오는 말보다도
자기 입에서 나오는 말을 잘 들어라.

• 탈무드 •

말하는 방법을 바꾸면 인생이 바뀐다

한 예능프로그램의 캐릭터가 온라인에서 큰 화제를 불러일으킨 적이 있다. 인턴 기자로서 막 사회생활을 시작한 '주 기자' 캐릭터다. 이 캐릭터가 사람들의 관심을 끈 이유는 다름 아닌 주 기자의 말하는 모습 때문이었다.

화제성이 높은 이 영상에 달린 댓글 수는 무려 만 개가 넘는다. "회사에 저렇게 말하는 사람 많아요." "진짜 리얼하네요." "발표자 중에 저런 사람 꼭 있음" "최근에 발표를 저렇게 하고 온 사람으로서 웃을 수 없음" "저거 나잖아" 등 공감하는 반응이 잇따랐다. 많은 사람이 공감한 주 기자의 모습은 대략 이렇다.

- 잔뜩 긴장한 얼굴

- 염소처럼 떨리는 목소리

- 먹어 들어가는 답답한 발성

- 빨라지는 말 속도

- 말끝마다 올리는 부자연스러운 억양

- 흔들거리는 자세

- 불안한 시선

- 초점 잃은 눈빛

- 울먹거림

- 내용을 이해하지 못한 횡설수설

- 예상치 못한 질문에 당황하는 모습

- 꼼지락거리는 손동작

- '음…, 어…'와 같은 불필요한 군소리

　부끄러운 자신의 모습이자 주변에서 종종 봐왔던 모습이기에, 다들 공감하면서도 한편으로는 상황에 적절하지 못한 모습이라는 인식을 공유했다. 우리가 이러한 모습들에 대해 적절하지 못하다고 생각하는 이유가 있다. 방송이나 발표, 회의 등 공식 석상에서 말하는 것은 '공적 말하기'에 해당하기 때문이다. 일상에서는 평상복을 입지만 비즈니스 자리나 공식 석상에서는 정장을 갖춰 입는 것처럼, 말하기 역시 상황에 따라 격식을 갖춰야 한다. 즉 공적인 자리에서는 '공적 말하기'를 할 수 있어야 한다.

어느 날 『나의 문화유산답사기』를 쓴 유홍준 교수의 TV 강연을 우연히 본 적이 있다. 거기에서 그분이 독일의 철학자인 헤겔의 말을 인용해 고전 예술의 규범을 제시한 부분이 인상적이었다. 그는 "헤겔에 따르면 내용과 형식이 조화로운 것이 고전 예술"이라고 말했다. 나는 말하기, 즉 '화술'도 내용과 형식이 조화로운 '예술'의 일환이라고 생각한다. 말의 내용도 중요할 뿐만 아니라 그것을 표현하고 전달하는 형식도 중요하기 때문이다. 이 둘이 조화를 이룰 때 말의 힘은 더욱 강력해지고, 사람의 마음을 움직일 수 있는 '마술'이 펼쳐진다.

이 책에서 다루는 것이 바로 이 '내용'과 '형식'이다. 내용은 '어떤 말을 할 것인가?'이고, 형식은 '어떻게 말할 것인가?'에 관한 것이다. 이 책 『횡설수설하지 않고 똑 부러지게 핵심을 전달하는 법』은 총 6장으로 구성되어 있으며, 각 장은 원리, 예시, 활용 순으로 완성하는 실전형 말하기 스킬을 소개하고 있다. 발표, 회의, 보고, 영업, 강의 등 '공적 말하기'에 초점을 맞추었지만 일상 대화에서도 충분히 활용 가능하다.

Chapter 1 '소리'에서는 말을 담는 그릇인 '목소리'의 질과 가치를 높여 잘 들리게 말하는 방법을 습득하고, 실전에 적용할 수 있는 훈련법을 구체적으로 살펴본다. 사람들을 집중시키기 위해서는 가장 먼저 잘 들리게 말해야 한다.

Chapter 2 '전달'에서는 사회적 약속인 표준발음법을 익혀 상대가 알아듣게 말하는 방법을 알아보고, 전달력이 좋아지는 다양한 말하기 기법을 다룬다. 사람들의 신뢰를 얻기 위해서는 알아듣게 정확히 말해야 한다.

Chapter 3 '구조'에서는 말하고자 하는 내용을 어떻게 조직해야 하는지, 그리고 단계적으로 어떤 말을 해야 하는지에 대한 방법을 소개한다. 사람들의 귀에 꽂히는 말을 하려면 내용을 구조화하고 체계적으로 말해야 한다.

Chapter 4 '언어'에서는 말의 표현력과 설득력을 높이는 여러 가지 수사법을 알아보고, 같은 내용도 다르게 말하는 방법을 살펴본다. 말맛을 살리면서 동시에 사람들이 쉽게 이해하게 하려면 내용이나 상황에 따라 다르게 말해야 한다.

Chapter 5 '몸짓'에서는 비언어의 중요성과 활용에 대해 알아보고, 보디랭귀지를 사용하는 방법을 구체적으로 다룬다. 사람들에게 오래 기억되려면 입으로만 말하는 것이 아니라 몸으로 같이 말해야 한다.

Chapter 6 '감정'에서는 말에 영혼을 담는 감정표현과 생동감 있게 말하는 방법, 그리고 스토리텔링에 대해 살펴본다. 사람들의 공감을 얻기 위해서는 감정을 실어 말해야 한다.

말하는 방법을 바꾸면 정말 인생이 바뀔까? 나는 확신한다. 말하는 방법을 바꾼 후 나는 아나운서가 되었고, 10년 넘게 교육사업가로 건재하며, 꽤 인기 있는 강연자로 지금까지 러브콜을 받고 있다. 이 책에 담은 모든 노하우는 실제로 내가 수강생들을 코칭하면서 빠르게 변화를 이끈 방법들을 엄선한 것이다. 이를 통해 그들의 인생이 달라졌다. 말하기에 자신감이 생겼고, 원하는 꿈과 목표를 달성했다. 성공의 기쁨을 맛본 이들은 자발적으로 말하기의 가치를 주변에 알렸다.

입소문으로 나를 찾아온 사람들에게 나는 말하는 방법을 알려줬고, 그들은 변화하겠다는 의지를 불태우며 노력했다. 그 결과 그들은 말하는 방법을 바꾸고 인생이 바뀌었다.

CEO, 임원, 정치인, 교수자, 의료인, 법조인 등 각계 리더는 물론이고 구직자, 대학생, 회사원, 공무원, 경력유보 여성, 군인, 영업사원, 심지어 초등학생과 청소년을 아우르는, 그동안 만났던 수만 명의 사람이 변화되는 과정을 지켜본 일은 그야말로 큰 보람이자 감동이었다.

이제는 이 책을 통해 누구나 혼자서도 자신의 인생을 바꿀 수 있다. 딱딱하고 어렵기만 한 이론서가 아니라 가까이에 두고 읽고 따라 하기를 반복하는 실용서로서 충분히 활용했으면 좋겠다. '말하기'는 머리로 아는 것이 아니라 몸으로 익혀야 하는 영역이기 때문에, 이 책에 수록된 다양한 예시와 훈련법을 실천한다면 독자 여러분의 인생도 분명히 달라질 것이다. 부디 이 책이 독자들의 말하기 실력과 의사소통 능력을 한층 끌어올리는 '인생 책'이 되기를 소망한다.

끝으로 이 책을 펴내기까지 많은 응원과 지지를 보내준 사랑하는 가족과 친구, 동료 지인, 그리고 학문적 배움을 일깨워준 스승님들께 진심으로 감사한 마음을 전한다.

임정민

차례

CHAPTER 1

소리

잘 들리게 말하면 집중한다

CHAPTER 2

전달

알아듣게 말하면 신뢰한다

CHAPTER 3

구조

체계적으로 말하면 내용이 꽂힌다

CHAPTER 4

언어

다르게 말하면 쉽게 이해한다

CHAPTER 5

몸짓

몸으로 말하면 오래 기억한다

CHAPTER 6

감정

감정을 실어 말하면 공감한다

부록

CHAPTER 1

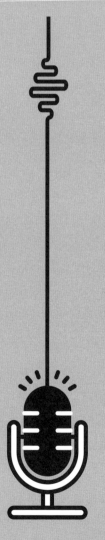

소리

잘 들리게 말하면
집중한다

"내 능력 가운데 다 버리고 하나만 택하라면 화술을 택하겠다.
왜냐하면 화술은 다른 것을 다시 얻게 해주니까."

– 대니얼 웹스터

긴장하지 않고
말하는 법

● 긴장을 일으키는 네 가지 심리적 요인

최근 40대 중반의 대기업 건설회사 그룹장이 우리 교육원을 찾아왔다. 자신은 임원 앞에서 현황 보고나 프레젠테이션을 할 일이 많은데 발표하기 몇 시간 전부터 가슴이 떨리고, 발표 직전에는 머리가 하얘진다는 것이다. 계속되는 발표에 대한 두려움으로 스트레스가 극에 달해 결국 전문적인 도움을 받기로 했다는 것이었다.

상당수의 사람이 비슷한 고민으로 코칭을 받으러 온다. 비단 대중 연설이나 발표, 프레젠테이션에 대한 고민만이 아니다. 많은 사람 앞에서 자신을 소개하거나 인사말을 해야 하는 경우도 마찬가지다. 그럴 때마다 그들은 하나같이 "사람들 앞에 서면 너무 긴장돼요." "발표만 하면 손에 땀이 나고 떨려서 죽겠어요." "너무 떨어서 준비한 말을 다 못했어요." "정말이지 그 자리를 피하고 싶어요!"라고 말한다. 말하기의 어려움과 아쉬움을 호소하는 것이다.

누군들 떨고 싶겠는가. 누구나 많은 사람 앞에서 당당하게 말하길 원한다. 하지만 마음과는 다르게 목소리가 떨린다든지, 얼굴이 빨개진다든지, 등줄기에 땀이 나거나 심장박동이 상승하곤 한다. 다양한 신체 반응이 일어나고, 심리적으로 불안감에 휩싸인다. 이런 지나친 긴장은 결국 좋지 않은 결과를 초래한다.

이 사실을 단편적으로 보여주는 일화가 있다. 박태환 선수의 이야기다. 그는 16세라는 최연소의 나이에 수영 국가대표로 발탁되었다. 그런데 2004년 아테네올림픽에서 부정 출발로 예선 탈락하는 초유의 사태가 벌어졌다. 어떻게 이런 일이 일어났을까? 당시 박태환 선수는 예선 탈락 후 인터뷰에서 그때의 심경을 전했다.

"첫날, 첫 게임, 첫 주 종목에서 탈락했다. 너무 어린 나이고 첫 출전이라 긴장했다. 내가 동경하는 세계적인 선수들이 눈앞에 있어서 아무것도 들리지 않았다. 너무 긴장한 나머지 몸이 굳었고 앞으로 꼬꾸라지면서 먼저 출발하고 말았다."

그는 실력이 형편없어서 탈락한 것이 아니었다. 오히려 우리나라 최연소 국가대표로 선발될 만큼 실력 면에서 뛰어난 선수였다. 하지만 안타깝게도 지나치게 긴장하는 바람에 뼈 아픈 실패를 맛봤다.

때로는 적당한 긴장도 필요하다. 하지만 지나친 긴장은 독이 된다. 고전에는 말의 중요성과 방법을 알려주는 구절이 꽤 많다. 거기에서 가장 강조하는 것이 '마음의 다스림'이다. 성리학의 창시자인 주자의 『근사록』에 나오는 이 말을 지침 삼아 나의 내면에 집중하고 마음을 다스려보자.

"마음이 안정되어 있으면 그 말이 신중하고 여유가 있다.

마음이 안정되어 있지 못하면 그 말이 가볍고 급하다."

사람들이 말할 때 긴장하는 이유를 살펴보면 몇 가지 심리적인 요인이 있다.

첫 번째는 잘해야 한다는 부담감이다. 부담은 '마음의 짐'과 같다. 부담을 안고 있으면 말을 잘할 수 없다. 가뜩이나 긴장되는 상황인데 스스로 부담을 주고 자기 자신을 압박하면 입이 떨어지지 않는다.

두 번째는 평가에 대한 두려움이다. 프레젠테이션이나 경쟁입찰, 영업 등 실적이나 결과에 직접 영향을 미치는 경우 타인의 평가에 민감할 수밖에 없는 것이 사실이다. 하지만 지나치게 의식하면 두려움이 커진다. 과거에 타인의 지적이나 평가에 대한 안 좋은 기억이 있다면 떨쳐내야 한다.

세 번째는 실수하면 안 된다는 강박관념이다. 강박관념이 있는 사람은 완벽주의 성향이 강한 편이다. 자신의 실수를 용납하지 않는다. 그러나 인간은 완벽할 수 없고 프로 역시 실수할 때가 있기에 자신에게 너그러울 필요가 있다.

네 번째는 높은 기대치에 대한 불안감이다. 스스로 갖는 기대치도 있지만 동료, 상사 등 주변에서 나에 대한 기대치가 높을수록 불안감도 커진다. 나에 대해 기대가 없는 것보다는 기대가 높은 것이 감사한 일이지만 조금 의연해질 필요가 있다.

이처럼 심리상태에 따라 긴장과 떨림의 기복이 발생한다. 따라서 심리적 요인이 해결되지 않으면 긴장을 해소할 수 없고, 스스로 만족할 만큼 말을 잘할 수 없다. 다행인 점은, 방법을 몰라서일 뿐이지 알고 나면 누구나 잘할 수 있는 영역이 '말하기'라는 것이다.

말을 잘하기 위해 먼저 긴장을 다스리는 것부터 시작하자. 긴장은 '심리적으로 불안한 스트레스 상태'를 의미한다. 불안하고 스트레스를 받는 상태에서는 말을 잘할 수 없는 것이 당연하다. 그러므로 심리적으로 안정된 상태로 전환해야 한다. 안정을 취할 수 있는 모든 방법을 동원해 불안과 긴장에서 벗어나려고 노력해야 한다.

그동안 실제로 수많은 사람이 코칭을 받으며 효과를 봤던 대표적인 세 가지 방법을 소개한다. 이 방법들을 잘 익히면 어떤 자리에서도 당당하게 말할 수 있는 강심장으로 거듭날 것이다.

[생리학적 방법] 심호흡 Deep breath

첫 번째 방법은 생리학적 방법인 '심호흡'이다. 떨리고 긴장될수록 호흡은 얕아지고 가빠진다. 숨을 천천히 깊게 들이마시고 내뱉어야 한다. 나는 교육생들에게 잠시 눈을 감고 들숨과 날숨을 반복하면서 자신의 호흡을 느껴보라고 한다. 그러면 다들 하나같이 "호흡 소리에 집중하게 되네요." "마음이 편안해요." "호흡이 차분히 가라앉네요"라고 말한다.

호흡은 우리 몸의 긴장을 이완시킨다. 심호흡을 하면 우리 몸의 부교감신경이 향상되어 스트레스 상황에서 항진되는 교감신경을 안정화할 수 있다. 부교감신경이 자극되면 근육이 이완되고 산소 공급을 원활하게 해 심신이 편안해진다. 자신도 모르게 성대 근육이 떨리거나 숨이 차는 등의 증세도 개선된다.

심호흡의 효능은 여기서 끝이 아니다. 뇌파가 안정되면서 불안, 스트레스가 줄어드는 효과까지 볼 수 있다. 흔히 담배를 피우는 행위가 심호흡의 원리와 유사하다. 흡연자들은 긴장하거나 스트레스를 받는 상황에서 흡연할 때 기분이 누그러지고 편안해지는 것을 경험한다고 한다.

흡연자가 아니더라도 드라마나 영화 속에 등장하는 흡연 장면을 한 번쯤은 봤을 것이다. 담배를 입에 물고 숨을 들이마셨다가 담배 연기를 뿜어내며 숨을 내쉬는 장면 말이다. 물론 백해무익한 담배 자체가 아니라 호흡을 깊게 들이마시고 뱉는 행위가 긴장감이나 격한 감정을 누그러뜨리는 데 일정 부분 도움이 된다는 얘기다.

그래서 간소한 점수 차이로 승패를 가르는 스포츠 경기에서 자유투를 앞둔 농구선수나 퍼팅을 준비하는 골프선수, 프리킥을 차는 축구선수 등 운동선수들은 긴장된 순간일수록 차분하게 호흡을 가다듬는다.

사람들 앞에서 말할 때 자꾸 떨리고 긴장된다면 생리학적 방법인 심호흡을 통해 몸의 긴장을 풀어야 한다. 심호흡은 심리적으로 불안한 마음을 스스로 다스리고 보다 안정된 마음 상태를 채비하는 일이다. 이제는 말하기 전에 천천히 심호흡부터 해보자.

●　　　　　　　　**[심리학적 방법] 자기 암시**^{Self control}

두 번째 방법은 심리학적 방법인 '자기 암시'다. 심리적으로 안정된 상태를 취하기 위해서는 긍정적인 자기 암시가 필요하다. 심리학에서는 암시를 '개인에게 특정한 생각이나 의도를 간접적으로 전달해 행동을 동기화시키는 심리적 영향력의 과정'이라고 규정한다. 즉 자기 암시는 원하는 바를 스스로 반복적으로 되뇌는 것인데, 쉽게 말해 '반복하는 생각과 말의 힘'이라고 할 수 있다.

특히 매번 고도의 긴장감 속에서 경기를 치르는 운동선수들이 긍정적인 자기 암시를 많이 하는 것으로 알려져 있다. 일례로 2016년 리우올림픽 남자 펜싱 결승전에서 박상영 선수는 자기 암시를 통해 위기를 이겨내고 극적으로 금메달을 획득했다.

마지막 한 라운드에서 13대 9, 무려 4점 차로 지는 상황이었다. 그의 얼굴은 굳었고 긴장감이 맴돌았다. 그때 그가 "나는 할 수 있다. 나는 할 수 있다"라는 말을 혼자 되뇌는 모습이 카메라에 포착되었다. 그런 다음 재개된 경기에서 그는 5점을 연달아 득점했고 기적적으로 금메달을 목에 걸었다. 생각과 행동을 동기화하는 자기 암시의 힘이 얼마나 강한지 알 수 있는 사례다.

긍정적인 자기 암시를 하는 사람과 그렇지 않은 사람은 분명 결과에서 차이가 난다. "스포츠는 심리전"이라고 한다. 그만큼 프로팀에서는 멘탈 코치나 심리학자를 고용해 선수들의 정신까지 관리한다. 남 앞에서 말하는 것도 이와 다르지 않다. 나의 마음을 다스리고 긍정적으로 생각을 전환할 수 있어야 한다.

긴장을 많이 하는 사람은 어떤 생각을 하고 있을까? 내가 강의나 코칭을 할 때 사람들 앞에서 긴장을 많이 한다는 분들에게 질문해보면 그들의 머릿속은 부정적인 생각으로 가득하다. '떨려 죽겠네.' '내가 잘할 수 있을까?' '지금이라도 못하겠다고 할까?' '실수하면 어쩌지?' '망치면 안 되는데.' '괜히 망신당하는 거 아니야?' 이런 생각을 많이 하는 사람들은 자기 확신이 부족하고, 타인을 지나치게 의식하며, 걱정과 염려가 많다.

이제는 생각을 바꿔서 긍정 확언으로 자기 암시를 해보자. '새로운 도전이네. 설렌다' '나는 할 수 있다' '이것도 기회이니 최선을 다하자!' '실수할 수도 있지. 누구나 실수하잖아' '연습한 만큼만 하면 망치지는 않을 거야.' '남을 너무 의식할 필요 없어.'

어떤가? 생각만으로 마음이 한결 편안하지 않은가? 이렇게 자신의 가능성을 강력하게 믿는다면 긴장감은 서서히 사라질 것이다.

• 떨려 죽겠네. • 내가 잘할 수 있을까? • 지금이라도 못 하겠다고 할까? • 실수하면 어쩌지? • 망치면 안 되는데. • 괜히 망신당하는 거 아니야?	• 설렌다. • 나는 할 수 있다. • 이것도 기회이니 최선을 다하자! • 실수할 수도 있지. 누구나 실수하잖아. • 연습한 만큼만 하면 망치지는 않을 거야. • 남을 너무 의식할 필요는 없어.

• 내가 긴장할 때 드는 생각은 무엇인가? 기존의 부정적인 생각을 바꿔 긍정적인 자기 암시를 해보라.

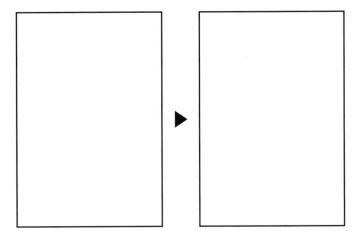

[뇌과학적 방법] 이미지트레이닝^{Imagetraining}

세 번째 방법은 뇌과학적 방법인 '이미지트레이닝'이다. 우리의 뇌는 놀랍게도 현실과 상상을 구분하지 못한다. 이미지트레이닝은 뇌를 속이는 행동으로, 일명 심상화, 상상 훈련이라고 한다. 자신이 원하는 목표나 미래의 모습을 머릿속에서 구체적인 이미지로 그려보는 훈련법이다.

아사리 준코라는 일본의 마라톤 선수가 있다. 그녀는 1993년 독일 세계육상선수권대회 마라톤 종목에 출전했는데, 대회 개막 7개월 전부터 실제 마라톤 코스를 머릿속으로 상상하면서 훈련했다고 한다. 심지어 마라톤 우승자에게 부상으로 주어지는 외국 명품 브랜드의 고급 자동차까지 떠올리면서 훈련했다고 한다. 결과는 어떻게 됐을까? 그녀는 여자 마라톤대회 우승을 차지하고 금메달을 획득했다.

지금은 은퇴한 골프선수 잭 니클라우스 역시 현역 시절에 이미지트레이닝을 해왔다. 그의 다음과 같은 말은 이미지트레이닝의 정수를 보여준다.

"나는 연습할 때도 집중된 상태로 아주 정확하게 이미지를 상상하기 전에는 공을 치지 않는다. 나는 먼저 공이 도착할

곳을 바라본다. 그다음에 공이 포물선을 그리며 날아가는 모습, 땅에 떨어지는 모습을 상상한다. 할리우드 영화 못지않은 그 상상이 끝나고 나서야 공 앞으로 다가간다."

마치 상상이 현실인 것처럼 머릿속으로 상상하면서 우리의 뇌를 속이는 것이다. 심상화, 즉 이미지트레이닝은 사람의 마음을 편안하게 해준다.

어떤 자세를 취하고 어떻게 등장할지, 어떤 표정으로 상대를 바라볼지, 첫마디는 어떤 말로 시작할지를 말하기 전에 세세하게 상상하자. 구체적일수록 좋다. 발표나 회의, 미팅 등 중요한 자리를 앞두고 이미지트레이닝을 반복하면 훨씬 안정된 상태로 말할 수 있다.

〈필수 훈련 사항〉

자세교정	1. 다리를 어깨 너비로 편안하게 벌린다. 2. 등과 허리를 벽이나 의자 등받이에 반듯하게 세운다. 3. 무릎을 직각으로 바르게 세운다. 4. 가슴과 어깨는 힘을 빼고 활짝 편다.
신체훈련	1. 어깨를 귀에 닿을 정도로 올렸다가 뒤로 넘긴다.(세 번 반복) 2. 어깨를 뒤에서부터 귀에 닿을 정도로 올렸다가 앞으로 넘긴다.(세 번 반복)

신체훈련	3. 목을 왼쪽으로 당겨 5초간 정지.(왼쪽, 오른쪽, 위, 아래 순으로 반복) 4. 머리를 시계방향, 반시계방향으로 돌려준다.
조음기관	1. 살포시 주먹 쥔 손으로 얼굴 전체를 가볍게 마사지해준다. 2. 볼 안에 공기를 가득 넣고 얼굴근육을 풀어준다. 3. 입술을 앞으로 모아서 좌우방향, 상하방향으로 움직인 후, 원을 그려준다. 4. 혀를 입안에서 크게 원을 그리며 돌려준다. 　혀로 "똑딱똑딱" "딱똑딱똑" 5. 턱 끝에 혀가 닿을 정도로 길게 늘어뜨린 후 5초 정지. 　'메롱'을 하듯이 빠르게 움직인다. 6. 입술에 힘을 빼고 숨을 내뱉으며 "푸 ~ 르르르" 털어준다. 7. 턱이 최대한 상하로 움직일 수 있도록 입을 크게 벌리며 "으" "아"를 반복하며 풀어준다. *조음기관 유연성 테스트 Step1 (3음절) 빠르게 Step2 (4음절) 더 빠르게 Step3 (5음절) 두고 내리는 Step1 '빠르게'를 천천히 정확하게 세 번 연속 말하고, 속도를 높여서 다섯 번 연속 말한다. Step2, Step3도 같은 방법으로 연습한다. 말이 매끄럽게 나온다면 조음기관이 유연한 상태이다.

소리 에너지를
키워라

●   **귀를 사로잡는 명품 스피커**

사람들은 '어떤 말을 할까'에 대해서는 많은 시간과 노력을 들이지만 '어떻게 전달할까'에 대해서는 그만큼 고민하지 않는다. 만약 내가 하는 말이 상대에게 잘 전달되지 않는다면 나의 목소리를 점검해볼 필요가 있다. 말은 음성언어이다. 말할 때 '내용'도 중요하지만, 그 내용은 '목소리'에 담겨 전달되기에 목소리도 중요하다. 목소리가 좋지 않으면 내용의 전달력도 떨어진다.

나는 사람들에게 반문한다. "영화를 보거나 음악을 들을 때는 좋은 음질을 선호하면서 사람들은 왜 자기 목소리의 음질은 신경 쓰지 않을까요?"

우리는 이어폰이나 스피커 하나를 구매할 때도 여러 사이트를 드나들며 다양한 제품들을 비교 분석한다. 하지만 더 좋은 음질의 목소리를 내기 위한 노력은 미비하다. 목소리는 그 자체로 최상의 마이크이자 스피커가 될 수 있다. 같은 말이라도 목소리에 따라 호감도는 물론 전달력과 설득력이 크게 달라지기 때문이다.

대중에게 뉴스를 전달하는 아나운서, 대사 전달력이 뛰어난 배우, 노랫말을 실감 나게 전달하는 가수와 성악가들이 목소리가 좋은 이유가 이것이다. 몇 날 며칠 밤새워 만든 기획안, 보고서, 회의자료, 발표를 위한 파워포인트, 면접 답안 등 아무리 말할 내용이 많이 준비되어 있어도 상대에게 잘 들리지 않는다면 제대로 전달되지 않는다. 도무지 무슨 말을 하는지 잘 들리지 않는데 어떻게 집중할 수 있겠는가.

'들리게 말하는 것'이 말하기의 가장 기본이다. 내가 하는 말을 상대에게 잘 들리게 하고 싶다면 먼저 나 자신이 '명품 스피커'가 되자.

● 복식호흡으로 소리 에너지를 키워라

잘 들리게 말하려면 복식호흡으로 소리 에너지를 키워야 한다. 복식호흡은 복근을 이용해 횡격막을 움직여 호흡하는 방법이다. '횡격막 호흡'이라고도 불린다.

복식호흡을 흔히 '배로 숨 쉬는 호흡'이라고 말하기도 하는데 이는 잘못된 표현이다. 인간은 배로 숨을 쉴 수 없기 때문이다. 대신 폐의 아랫부분을 받치고 있는 횡격막을 조절해 아래쪽으로 누르면 자연스럽게 폐가 늘어나서 최대 2L 정도의 공기를 더 밀어 넣을 수 있다. 복식호흡은 이러한 원리를 통해 들이쉬는 호흡과 내뱉는 호흡의 양을 늘리는 것이다.

목소리의 기초체력이 되는 것은 호흡이다. 가슴으로 내는 얕은 호흡이 아니라 폐 끝에서 차오르는 깊은 호흡, 즉 복식호흡으로 말해야 한다.

복식호흡에 대해 얼핏 들어보긴 했지만 어떻게 해야 하는지 모르는 사람들이 많다. 몇 번 시도해보고 어렵다고 포기하는 사람들도 있다. 이제부터 소개하는 방법은 이미 수천 명의 사람이 익히고 터득해서 효과를 본 방법이니 새로운 마음으로 다시 도전해보자.

우리는 신생아 때부터 이미 복식호흡을 해왔다. 태반을 통해 호흡하던 태아는 출생 후 곧바로 자가호흡을 시작하고, 처음에는 흉식을 하다가 10~12시간이 지나면 복식호흡을 한다. 신생아 때 우리는 가슴을 들어 올려 호흡하지 않고 이미 복식호흡을 한 것이다. 복식호흡은 새로운 것이 아니라 잠시 잊고 있었던 호흡법이다. 따라서 몸의 감각을 되살리면 누구나 할 수 있다.

먼저 엄마의 몸속에서 편안하게 호흡했던 것처럼 눈을 감고 숨을 천천히 들이쉬고 내쉰다. 배꼽 아래 5cm쯤 되는 하복부에 손을 얹고 마치 '공기를 채운다'는 생각으로 코와 입을 통해 천천히 호흡한다.

하복부에 풍선이 들어가 있다고 상상하면 이해하기가 쉬울 것이다. 숨을 들이마시면 풍선이 부풀어 오르고 숨을 내쉬면 풍선이 쪼그라드는 것처럼, 들이마시는 숨에 배가 나오고(팽창), 내쉬는 숨에 배가 들어간다(수축). 음식을 많이 먹으면 배가 불러서 볼록하게 나오고, 배가 고프면 홀쭉해지는 것과 같은 원리다.

이때 주의해야 할 점이 있다. 숨을 들이마실 때 가슴이 앞으로 나오거나 어깨가 위로 올라가지 않도록 해야 한다.

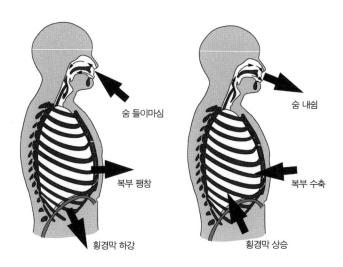

숨 들이마심

숨 내쉼

복부 팽창

복부 수축

횡경막 하강

횡경막 상승

TRAINING _____

1. 눈을 감고 숨을 천천히 들이쉬고 내쉰다.

2. 배꼽 아래 5cm쯤 되는 하복부에 손을 얹고 코와 입을 통해 천천히 호흡한다.

3. 숨을 들이마시면 풍선이 부풀어 오르고 숨을 내쉬면 풍선이 쪼그라드는 것처럼, 들이마시는 숨에 배가 나오고(팽창) 내쉬는 숨에 배가 들어간다(수축).

4. 숨을 들이마실 때 가슴이 앞으로 나오거나 어깨가 위로 올라가지 않도록 주의한다.

4-2-8 스마일 호흡법

이번에는 웃으면서 복식호흡을 해보자. 내가 웃으면서 호흡하라고 하면 다들 의아한 표정을 짓는다. 처음 들어보는 얘기에 어리둥절해한다. 내가 일명 '**스마일 호흡법**'을 고안하게 된 계기가 있다. 복식호흡을 처음 해보는 사람들 상당수가 몸에 힘이 잔뜩 들어가 있다. 이전과 다른 호흡법이 다소 어렵고 생소하기 때문에 어찌보면 몸에 힘이 들어가는 게 당연하다.

그때부터 '어떻게 하면 몸에 힘을 빼게 할까?' 하는 나의 고민이 시작되었다. 평평한 바닥에 눕는 것도 좋은 방법이지만 평소에 아무 데나 누워서 연습할 수는 없다. 일상에서 언제든지 복식호흡을 할 수 있도록 몸이 이완될 때가 언제인지를 생각해보았다. 그리고 마침내 사람들이 '웃을 때'라는 사실을 발견했다. 웃는 사람에게서 우리는 긴장한 모습을 눈곱만큼도 찾을 수 없다. 그렇게 '스마일 호흡법'이 탄생했고, 사람들이 한결 편안하게 복식호흡을 할 수 있게 되었다.

방법은 아주 간단하다. 마치 꽃향기를 맡듯이 광대를 살짝 위로 올리면서 웃으며 숨을 들이마셨다가 숨을 내뱉기를 반복하면 된다. 처음에는 코로 4초간 천천히 숨을 들이마시며 하복부를 부풀렸다가 2초간 멈춘 다음 다시 입으로 8초간 하복부를 수축하며 숨을 내쉰다. 들이마시는 숨보다 내쉬는 숨을 더 길게 해주는 것이 중요하다.

4-2-8 호흡법이 익숙해지면 조금씩 시간을 늘려서 5-2-10 호흡법, 6-2-12 호흡법을 단계별로 연습하는 것이 좋다. 시간을 늘릴수록 폐활량이 많아지고 긴 시간 안정적인 호흡을 유지할 수 있다. 이렇게 들숨과 날숨의 호흡운동으로 소리 에너지를 키워야 좋은 목소리를 낼 수 있다.

TRAINING _____

1. 꽃향기를 맡듯이 광대를 살짝 위로 올리면서 웃는다.
2. 웃으면서 숨을 들이마셨다가 숨을 내뱉기를 반복한다.
3. 코로 4초간 천천히 숨을 들이마시며 하복부를 부풀렸다가 2초간 멈춘 다음 다시 입으로 8초간 하복부를 수축하며 숨을 내쉰다.
4. 조금씩 시간을 늘려서 5-2-10 호흡법, 6-2-12 호흡법을 단계별로 연습한다.

상대에게
잘 전달되는 목소리

●   복식호흡으로 발성해보라

이제는 복식호흡으로 발성해보자. 이때 가장 중요한 점은 입안의 공간을 크게 개방하는 것이다.

자신이 하는 말이 상대에게 잘 전달되지 않는다면 입안의 공간이 닫혀 있지는 않은지 확인해봐야 한다. 입을 크게 벌리지 않고 말하는 습관은 좋은 소리가 나오는 것을 방해한다. 발성을 제대로 배워 보지 않은 사람들은 그것이 말에 걸림돌이 되는지도 모른 채 살아간다. 태생적으로 입이 작은 사람도 있다. 입이 작으니 자연스레 입을 크게 벌리지 않는다. 그래

서 목 안쪽 공간도 좁고, 소리가 울릴 수 있는 입안의 공간도 같이 좁아진다.

그런 상태에서는 좋은 소리가 입 밖으로 나갈 수 없다. 듣기에 거슬리는 까칠하고 납작한 소리, 입안으로 들어가는 답답한 소리, 잘 들리지 않는 작은 목소리, 웅얼대는 소리 등은 입안의 공간을 크게 개방하지 않아서 나오는 소리다.

소리는 크고 넓은 공간에서 잘 울린다. 체육관이나 공연장, 동굴이나 터널을 떠올리면 쉽게 이해될 것이다. 입안의 공간을 크고 둥글게 연 상태에서 소리를 내야 공명된 소리가 입 밖으로 멀리 시원하게 뻗어나간다.

상대에게 내 말을 잘 전달하기 위해서는 입을 크게 벌리고 목 안쪽부터 넓게 개방해야 한다. 먼저, 거울을 준비하고 입을 '아~~!' 하고 크게 벌린다. 다시 입을 닫고 검지와 중지를 붙여서 볼 옆쪽의 턱관절Temporomandibular joint에 갖다 대보자. 그런 다음 입을 다시 크게 벌리면 턱관절이 불쑥 튀어나오는 것을 손가락으로 느낄 수 있을 것이다. 이 지점을 'T-spot'이라고 부르겠다. 거울로 확인해보면 마치 뭉크의 '절규' 작품처럼 T-spot이 튀어나오고 턱은 아래로 내려간 모습을 볼 수 있을 것이다.

아래턱은 말을 할 때 마치 문이 열리고 닫히는 것처럼 상하로 매끄럽게 움직여야 한다. 입을 벌린 상태에서 입안을 깊숙이 들여다보자. 목구멍 중간에 목젖이 보일 것이다. 이때 호흡을 가볍게 내뱉으며 하품한다. 하품하면 자연스럽게 목젖이 더 위로 올라가고, 주변의 아치 공간이 더 넓어진다. 그리고 연구개(입천장 뒤쪽의 부드러운 근육)는 위로 살짝 올라간다. 이렇게 공명할 수 있는 입안의 공간이 넓어지는 것이다.

지금은 소릿값을 0으로 해서 호흡만 내보내는 단계다. 호흡을 뱉을 때 공기가 풍부하고 일정하게 나가야 한다. 그렇지 않으면 소리가 흔들리고 일정치 않다.

이제는 거울을 입 가까이 대고 거울 전체에 김이 서리도록 배의 힘으로 호흡을 뱉는다. 한 번 뱉는 호흡의 양이 많다면 길게 뱉어서 거울 전체에 김이 서리도록 하고, 한 번에 뱉기 힘들다면 '하아~~~ 하아~~~ 하아~~~' 하고 세 번으로 나눠서 한다.

다음은 입술을 동그랗게 모아서 짧고 강하게 '후~!' 하고 숨을 뱉는다. 앞에 촛불이 켜져 있다고 상상하면서 하나씩 강하게 불을 끈다. 앞서 배운 4-2-8 스마일 호흡법을 적용해 복부의 힘으로 공기를 내뱉는다.

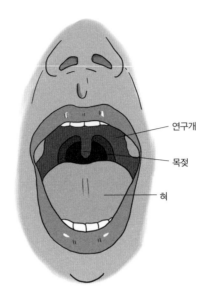

연구개

목젖

혀

1. 거울을 준비하고 입을 '아~~!' 하고 크게 벌린다.

2. 입을 닫았다가 다시 벌리면서 볼 옆쪽의 T-spot에 검지와 중지를 갖다 댄다.

3. T-spot이 불쑥 튀어나오는 것을 손가락으로 느낀다.

4. 입을 벌렸을 때 목구멍 중간에 목젖을 확인한다.

5. 호흡을 가볍게 내뱉으며 하품을 한다.

6. 목젖은 위로 올라가고, 주변의 아치 공간은 넓어진다. 연구개도 위로 살짝 올라간다.

7. 스마일 호흡법으로 소릿값을 0으로 해서 호흡만 내보낸다.

8. 거울을 입 가까이 대고 거울 전체에 김이 서리도록 배의 힘으로 호흡을 뺀다.

9. 한 번에 길게 뱉어서 거울 전체에 김이 서리도록 하고, 한 번에 뱉기 힘들다면 '하아~~~ 하아~~~ 하아~~~' 하고 세 번으로 나눠서 한다.

10. 입술을 동그랗게 모아서 짧고 강하게 '후~!' 하고 숨을 뺀다.

11. 앞에 촛불이 켜져 있다고 상상하면서 하나씩 강하게 불을 끈다.

12. 4-2-8 스마일 호흡법을 적용해 복부의 힘으로 공기를 내뱉는다.

숨을 내려놓아야 한다

이제는 스마일 호흡법을 적용해 소리를 끌어올려 멀리 보내자. 바른 자세는 계속 유지해야 한다. 무릎을 직각으로 세우고 허리를 꼿꼿하게 편 자세에서 배의 움직임을 의식할 수 있도록 손을 아랫배에 둔다. 스마일 호흡법으로 4초간 숨을 천천히 들이마셔서 아랫배에 공기를 채운 다음 2초간 정지한 뒤, 배를 안쪽으로 쑥 집어넣으면서 8초간 '아~~' 하고 발성한다. 목, 어깨, 얼굴에 힘을 주지 않고 편안하게 소리를 내야 한다. 이렇게 배의 감각을 느끼면서 소리가 멀리 시원하게 나올 수 있도록 발성을 익히면 당신이 무슨 말을 해도 상대에게 잘 전달된다.

아래의 예시문을 읽으면서 이제 발성을 말하기에 적용해 보자. 첫음절에 발성이 제대로 나와야 한다. 첫음절에 호흡과 소리가 잘 실렸는지 귀로 확인해야 한다. 그렇지 않으면 뒤로 갈수록 발성이 적용되지 않으니 이 점을 유의하자.

하나, 하루, 하품, 하늘, 하와이, 하리보, 할머니, 할리우드
마당, 마술, 마을, 마늘, 마파람, 마가린, 다리미, 바지, 바람
가마, 가수, 가을, 가방, 가야금, 거문고, 아버지, 어머니, 야구

*멀리 있는 사람을 부르듯이 발성한다.
야~~~~~~~~~~~~~~~~~~~
상우야~~~~~~~~~~~~~~~~
상우야 어디 가~~~~~~~~~~
상우야 어디가 같이 가~~~~~
이리 오너라~~~~~~~~~~~~

가을에는 야구를 합니다.
하와이의 하늘이 아름답습니다.
하루에 한 번 하품을 합니다.
가야금 연주가 끝나자 사람들이 모입니다.

할머니와 어머니는 시장에 가셨습니다.
마당에 바람이 솔솔 붑니다.
할머니께서는 다림질을 하십니다.
바지 주머니에는 아무것도 없습니다.

TRAINING _____

1. 스마일 호흡법을 적용해 소리를 끌어올려 멀리 보낸다.

2. 4초간 숨을 천천히 들이마셔서 아랫배에 공기를 채운 다음 2초간 정지
   한 뒤, 배를 안쪽으로 쑥 집어넣으면서 8초간 '아～～' 하고 발성한다.

3. 배의 감각을 느끼면서 소리가 멀리 시원하게 나올 수 있도록 반복 연
   습한다.

4. 단어와 문장 등 스피치에 적용해 발성 훈련을 한다.

말에 힘을
실어라

● **'목'에 힘 빼고 '배'에 힘을 주라**

이번에는 복근 발성 훈련을 통해 말에 힘을 길러보자. 복근 (腹筋)은 복부에 있는 근육이다. 몸을 전후좌우로 굽히고 돌리는 것 외에 호흡운동의 일부 작용을 맡고 있으며, 배뇨·배변·분만 때의 압력을 높이는 역할을 한다. 근력은 근육의 힘이고, 힘은 근육에서 나온다. 그래서 신체활동이 많은 운동선수에게 근력을 강화하는 웨이트 트레이닝$^{weight\ training}$은 필수적이다. 운동선수들이 모두 근육질의 몸을 가지고 있는 이유도 이 때문이다.

우리는 운동선수처럼 몸 전체가 근육질일 필요는 없지만 말의 힘을 기르기 위해 배의 근력을 단련해야 한다. 그러면 문장 끝까지 소리가 힘 있게 나와 말의 전달력이 좋아진다. 목에 힘을 주지 말고 배의 근력과 호흡을 이용해 소리를 끌어 올리는 것이 핵심이다.

자세는 항상 바르고 편안해야 한다. 곧은 자세로 배 근육의 팽창과 수축의 움직임을 확인할 수 있도록 손을 아랫배에 둔다. 앞서 연습한 대로 스마일 호흡과 배의 근력으로 발성하는데, 여기에 배의 힘을 짧고 강하게 주는 것이 중요하다. '스타카토'로 모든 음절을 짧게 끊어서 강하게 소리 내자. 음절 끝에 느낌표(!)가 붙어 있는 것처럼 최대한 강하게 소리를 뱉어내야 한다.

이 힘을 잘 길러주면 긴 문장을 말할 때도 끝에 힘이 빠지거나 갈라지지 않는다. 또한 긴 시간 발표에도 지치지 않고 자신감 있게 말할 수 있다. 다음 페이지의 예시문을 반복해서 연습해보자. 연습할수록 소리는 단단해질 것이다.

먼저 왼쪽의 예시문을 가로로 한 번, 세로로 한 번씩, 총 여덟 번 힘 있게 발성한다. 그다음 오른쪽의 예시문을 같은 방식으로 가로로 한 번, 세로로 한 번씩, 총 아홉 번을 하면 된다.

카! 태! 패! 해!   해! 헤! 히! 호! 후!

커! 테! 페! 허!   해! 헤! 히! 호! 후!

코! 토! 포! 호!   히! 헤! 하! 호! 후!

쿠! 투! 푸! 후!   히! 헤! 하! 호! 후!

이번에는 의자에 앉아서 복근의 힘으로 조금 더 긴 문장에 적용해보자. 문장 끝까지 지속할 수 있는 힘을 기르는 훈련이다. 먼저 허리는 꼿꼿하게 펴고 무릎은 직각으로 세워서 바르게 앉는다. 이때 의자에 엉덩이를 반만 걸치고 앉는다. 상체가 뒤로 젖혀지지 않도록 의자 아래를 두 손으로 잡고 중심을 잡는다. 이제 바닥에서 두 다리를 위로 올려 공중에 띄운다. 그 자세를 유지하기 위해 복근이 작동해 복부 근육에 힘이 들어가는 것이 느껴질 것이다. 배를 만져보면 단단함을 느낄 수 있다.

이 자세에서 다음 예시문을 읽어보자. 특히 "나는 자신 있습니다! 나는 해낼 수 있습니다! 나는 성공할 것입니다!"라는 세 문장은 모든 열정을 담아서 가장 힘 있게 읽는다. 어떤 자리에서든 청중 앞에서 당당하게 말하려면 평소에 힘 있게 말하는 연습을 해둬야 한다.

성공하기 위해서는 구체적인 목표가 있어야 하고
성공하기 위해서는 굳건한 신념이 있어야 하며
성공하기 위해서는 불굴의 용기가 있어야 하고
성공하기 위해서는 적극적인 실천이 있어야 하며
성공하기 위해서는 피나는 노력이 있어야 합니다.

나는 자신 있습니다!
나는 해낼 수 있습니다!
나는 성공할 것입니다!

- 내일부터가 아니라 '오늘부터'
  다음부터가 아니라 '지금부터'입니다.

- '내일은 무엇을 할 것인가'가 아니라
  '오늘은 무엇을 할 것인가'를 생각하세요.

- '무엇이 이루어지길 바라는가'가 아니라
  '무엇을 노력하고 있는가'를 살펴보세요.

- '원하는 것이 왜 안 이루어지는가'가 아니라
  '원하는 것을 위해 왜 행동하지 않는가'를 살펴보세요.

- '내 소원은 이것이다'가 아니라 '나는 이렇게 된다'라고
  다짐하세요.
- 나 ○○○는 매일매일 모든 면에서 점점 더 좋아지고 있습니다.

잘 들리게 말하면
집중한다

상대가 편안하게
느껴야 듣는다

● 허밍이 만들어내는 진동

"안녕하십니까, 반갑습니다." 인사 한마디 했을 뿐인데 이목을 끄는 사람들이 있다. 부드럽고 울림이 있는 목소리는 상대를 편안하게 해주고 마음의 빗장을 풀어준다.

날카롭고 불안정한 목소리로 말하는 사람의 이야기는 끝까지 듣기 힘들게 한다. 반면에 울림이 있는 목소리는 이야기를 계속 듣고 싶게 한다.

이런 천상의 목소리를 가진 대표적인 인물로 배우 한석규, 이병헌, 이금희 아나운서 등이 있다. 베테랑 성우들도 인정한

국보급 목소리의 소유자들이다. 좋은 목소리의 대명사로 늘 손꼽히는 이들을 통해 목소리의 힘이 얼마나 강력한지 알 수 있다. 특히 출연하는 작품마다 명품 연기를 보이며 높은 시청률을 기록하는 이병헌의 연기에 시청자들은 한껏 몰입하곤 한다. 여기에는 어떤 역할을 맡든 대사의 품격을 올려주는 그의 공명 목소리도 큰 비중을 차지할 것이다.

이런 매력적인 목소리는 그들만의 전유물이 아니다. 일반인들도 누구나 훈련을 통해 울림이 풍부하고 따뜻하며 편안한 목소리를 만들 수 있다. 방법도 매우 간단하다. 입에 사탕 하나를 물었다고 생각하거나 물 한 잔을 마시고 입안에 물을 머금고 있다고 상상하자. 이렇게 혀가 입천장에 닿지 않도록 입안에 공간을 만든 상태에서 입술을 살짝 다문다. 그리고 스마일 호흡법을 하면서 공기를 얼굴 안면부로 모은다고 생각한 후 '음~~~~~' 하고 허밍을 한다. 이때 코와 입 주변에 진동이 느껴지는지 확인한다. 진동이 느껴졌다면 제대로 공명 발성을 한 것이다.

간혹 교육생 중에 공명 발성할 때 입술이 간질간질하다는 분들이 있는데, 울림이 있다는 뜻이니 잘하는 것이다. 이제 울림을 다음 음절에 적용해 '음~~~~아~~~~~~~~ㄴ' '음

~~~~나~~~~~~~~ㄴ' 등으로 아래의 예시문을 따라 연습
해보자.

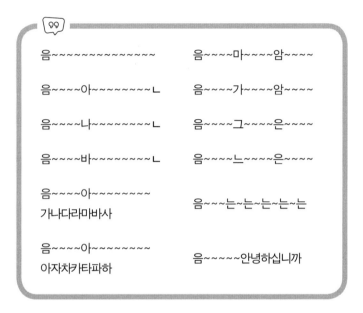

음~~~~~~~~~~~~~~   음~~~~마~~~~암~~~~

음~~~~아~~~~~~~~ㄴ   음~~~~가~~~~암~~~~

음~~~~나~~~~~~~~ㄴ   음~~~~그~~~~은~~~~

음~~~~바~~~~~~~~ㄴ   음~~~~느~~~~은~~~~

음~~~~아~~~~~~~~   음~~~는~는~는~는~는
가나다라마바사

음~~~~아~~~~~~~~   음~~~~~안녕하십니까
아자차카타파하

공명 발성은 소리를 밖으로 내뱉기 전에 코, 입, 목에서 울
림을 만드는 발성법이다. 코와 입 주변에서 부드럽게 울림을
만들어낸 다음에 마치 포물선을 그리듯 입 밖으로 멀리 내보
낸다. 야구장 펜스를 넘기는 홈런 볼을 떠올리며 연습하면 도
움이 된다.

'공명이 잘된 목소리'는 공기의 흐름 때문에 울림소리가 몸

밖으로 멀리 퍼져나가지만 '공명이 안 된 목소리'는 입안에서 울림소리가 작고 약하게 퍼진다. 이 차이를 느끼면서 울림이 멀리 나갈 수 있게 해야 한다.

다음은 한국 가곡 〈님이 오시는지〉(박문호 작사)의 일부이다. 성악가는 큰 공연장을 풍부한 울림소리로 가득 채운다. 목을 누르거나 힘주지 말고 입안 공간을 넓게 개방하여 코와 입 주변의 울림을 느끼면서 가사를 따라 읽어보자. 성악가가 되었다고 상상하며 공명 발성을 적용해 발화한다. 음~~ 허밍을 하다가 가사에 울림을 연결시켜 끝까지 이어 말하는 것이 핵심이다.

음~~ 물망초 꿈꾸는 강가를 돌아~~~
음~~ 달빛 먼 길, 님이 오시는가~~~
음~~ 갈 숲에 이는 바람, 그대 발자췰까~~~
음~~ 흐르는 물소리, 님의 노래인가~~~
음~~ 내 맘은 외로워 한없이 떠돌고~~~
음~~ 새벽이 오려는지 비바람만 차오네~~~

나에게 맞는 최적의 목소리 톤

자신에게 맞는 목소리 톤을 알고 있는가? 지금 자신의 목소리 톤은 편안한가, 불편한가? 자신의 피부 톤에 맞는 화장품을 사용하는 것처럼, 이제는 허밍을 통해 나에게 맞는 목소리 톤을 찾아보자.

서비스직에 근무하는 분들은 높은 톤으로 말하는 경우가 많다. 국내은행의 다이렉트 고객센터에서 근무하는 어떤 분은 고객에게 항상 높은 톤으로 응대하다 보니 어느 순간 목소리가 갈라지고 목에 통증이 생겼다고 호소한 적이 있다. 하지만 친절한 목소리가 꼭 높은 톤인 것은 아니다. 항공사 승무원 지망생 중에도 무작정 톤을 높여 다소 인위적인 목소리를 내는 경우가 있다. 이것은 톤만 높을 뿐, 듣기에 그리 좋은 느낌을 주지 못한다. 무엇보다 자신에게 맞지 않는 톤으로 계속 말하면 성대에 상당히 무리가 간다.

나에게 맞는 최적의 목소리 톤을 찾는 방법은 의외로 간단하다. 먼저, 손바닥으로 코와 두 볼을 감싸고서 '음~~~' 하고 허밍을 한다. 얼굴 주변의 풍성한 울림이 손바닥에 느껴질 것이다. 이때 검지와 중지를 목젖에 대고 낮은 톤부터 높은 톤까지 다양한 톤으로 허밍을 반복한다. 그러면 너무 높은 톤에서는 목젖이 올라가면서 조여주는 느낌이 들고, 너무 낮은 톤에서는 목이 잠기는 느낌이 들 것이다. 목젖이 움직이지 않는 음역의 톤이 나에게 맞는 최적의 톤이다. 그 톤에서 가장 편안하고 풍부한 울림을 느낄 수 있다.

최적의 목소리 톤을 찾았다면 그 톤에서 소리 내는 연습을 계속한다. 특히 공기를 윗잇몸 쪽으로 모아주면서 입술 쪽의 울림에 집중하고, 입을 열었을 때 울림이 퍼지지 않게 또렷하게 앞쪽으로 내보낸다. 이때 포물선을 그리듯 위로 멀리까지 부드러운 공명이 뻗어나가는 느낌이 있어야 한다.

CHAPTER 2

전달

알아듣게 말하면
신뢰한다

"말은 인류가 사용하는 가장 효력 있는 약이다."

– 조지프 키플링

상대가 알아들어야
제대로 말한 것이다

● **상대의 마음을 헤아려 말하라**

시각장애인복지관에서 5년간 낭독 봉사를 한 적이 있다. 낭독 봉사는 복지관에서 간단한 테스트를 받고 짧게는 몇 주, 길게는 몇 개월간 전문적으로 기초훈련을 받은 후에 할 수 있는 봉사다. 한 권의 책을 맡아서 끝까지 책임지고 녹음해야 하기에 기본 실력도 갖춰야 하지만 무엇보다 책임감이 따른다. 나는 방송 경력을 인정받아 바로 봉사를 시작할 수 있었다.

한번 복지관에 가면 보통 3시간, 길게는 6시간 동안 부스에 들어가 지정된 도서를 녹음한다. 사실 나는 지역방송에서 뉴스를 진행하고 교통방송에서 생방송도 해왔기 때문에 오독 없이 책 읽는 것에 자신이 있었다. 그래서 시간 날 때 빠르게 녹음하고 올 수 있을 줄 알고 낭독 봉사를 쉽게 생각했다. 그런데 예상은 완전히 빗나갔다. 목차부터 표, 그림, 그래프까지 책의 모든 부분을 다 녹음해야 했다. 괄호 안의 설명과 주석도 그냥 넘어가지 않았다. 문장 중간에 주석이 나오면 그 문장을 마친 후에 주석을 따로 읽어줘야 했다. 이렇게 해서 250~300페이지 책 한 권을 녹음하는 데 10시간가량 걸렸다.

그때 처음 알았다. 눈으로 책을 읽기는 쉽지만 목소리로 들려주기는 어렵다는 사실을. 그제야 나는 듣는 사람의 입장과 마음을 헤아리며 녹음하기 시작했다. 내가 책을 읽을 때는 눈으로 한 번 쓱 훑고 넘어갔던 부분도 하나하나 차분하게 말로 설명했다. 시각장애인들은 눈으로 볼 수는 없지만 그만큼 온전히 소리에 집중할 수 있는 청력을 지녔다. 그래서 나는 발음과 속도, 의미 전달에도 더욱 신경을 썼다. 소설이나 문학 작품을 녹음할 때는 마치 성우가 된 것처럼 상황에 맞는 목소리 연기를 가미했다.

내 마음이 상대를 향해 있으니 그저 스킬에 지나지 않았던 사소한 부분을 대하는 태도가 달라졌다. "공감이란 내 신발을 벗고, 그 사람의 젖은 신발을 신는 것이다"라는 간디의 말처럼, 상대의 입장과 마음을 헤아리며 말하는 것이 무엇인지 어렴풋이 느끼게 되었다.

말을 잘하는 방법과 기술을 익히는 것은 말하기 능력을 키우는 데 분명 도움이 된다. 하지만 사실 가장 중요한 것은 마음이다. 상대를 얼마나 진심으로 생각하고 말하느냐가 말의 본질이자 전부라고 해도 과언이 아닐 것이다.

> **"다른 사람의 속마음으로 들어가라. 그리고 다른 사람으로 하여금**
> **당신의 속마음으로 들어오도록 하라."**

스토아학파 철학자인 아우렐리우스의 말이다. 우리가 어떻게 말하고 소통해야 하는지 말의 본질을 꿰뚫는 한마디다.

● 사람들의 발음이 좋지 않은 이유

우리말뿐만 아니라 전 세계 모든 언어는 각자 고유의 발음법이 있다. 외국어를 습득하기 어려운 이유가 이것이다. 태어나서 지금까지 써온 모국어를 발음하던 방식이 아니라 전혀 다른 방식으로 말해야 하기 때문이다. 입을 벌리는 정도, 호흡을 뱉는 양, 혀가 닿는 위치 등이 모두 다르다. 모국어에 없는 발음이 있기도 하다.

이처럼 외국어 발음을 배우는 일은 쉽지 않다. 그런데 심지어 우리의 모국어인 한국말을 제대로 발음하지 않는 사람들이 있다. 발음은 통일된 언어 규범이자 사회적 약속이다. 규범이나 약속을 지키지 않으면 의사소통이 원활히 이루어지지 않는다. 더 나아가 자신의 품격까지 떨어트린다.

사회에서 업무나 강의를 통해 나와 인연을 맺었던 교육생들이 어림잡아 수천 명이다. 그런데 그중에 우리말을 제대로 발음하는 사람은 많지 않았다. 물론 국어학자도 아니고 정확한 우리말을 구사해야 하는 아나운서도 아니니 어느 정도는 이해하지만, 모국어를 대하는 보통 사람들의 태도에 조금 아쉬움이 남는다. 영어에 쏟는 노력과 열정의 반만이라도 우리말에 관심을 가진다면 아나운서 못지않을 텐데 말이다.

요즘은 인터넷에서 유행하는 언어와 신조어를 남발하는 탓에 정확한 우리말 발음이 무엇인지 모르고 사는 경우가 많다. 어떻게 발음하는 것이 맞는지 모른 채 습관적으로 말하니 발음이 좋아질 수가 없다.

사람들의 발음이 좋지 않은 가장 큰 이유는 우리말에 대한 무관심과 무지 때문이다. 외국어처럼 따로 공부하지 않아도 사실 소통에는 큰 문제가 없다. 그러니 지금까지 살아온 대로, 발음해온 대로 하는 것이다. 하지만 좋지 않은 발음은 말의 전달력과 신뢰감을 떨어트리고, 자신의 이미지에도 치명적이다. 지적이고 똑똑한 사람들은 공통적으로 발음이 똑 부러지고 야무지다. 그러므로 발음만큼은 특히 신경 써서 해야 한다.

사람들의 발음이 좋지 않은 또 다른 이유는 게으른 조음 습관 때문이다. 서면 앉고 싶고, 앉으면 눕고 싶은 것이 사람의 마음이다. 정확한 발음을 하기 위해서는 노력과 에너지가 필요한데, 익숙하고 편한 것만 찾는 것이다. 하지만 의사소통에서 내가 하는 말을 상대가 못 알아듣는다면 그 어떤 좋은 내용을 준비해도 소용없는 일이다. 말을 하는 본인은 편할지 몰라도 듣는 사람은 상대의 말을 못 알아들을 때 얼마나 답답하고 괴로울지 생각해야 한다.

정확하고 또렷한 발음을 구사하려면 혀, 입술, 턱, 얼굴 근육 등 조음기관을 활발하게 움직여야 한다. 안 쓰던 기관을 훈련해 다시 쓰려고 하니 얼마나 귀찮고 힘든 일인가.

아래의 예시문을 읽으면서 다시 한번 발음의 중요성을 상기하자. 이제는 경제적인 발음에서 탈피해 전달력 있는 발음을 구사하려고 노력해보자. 또렷하고 분명한 발음은 그의 말의 신뢰성을 높이고 유능한 발표자로 돋보이게 만드는 매력적인 무기가 될 것이다.

> 사람들의 발음이 좋지 않은 이유는 게으른 조음 습관입니다.
> 서면 앉고 싶고 앉으면 눕고 싶은 것이 사람의 마음입니다.
>
> 말을 할 때, 한 음절 한 음절 또박또박 말하려는 습관이 필요한데 귀찮으니까 발음을 대충합니다.
> 예를 들어 '우리'라고 발음할 때 '우'에서 입을 앞으로 내밀어야 하는데, 입을 벌리지 않고 대충 발음합니다.
>
> 말의 뜻을 올바로 전달하려면 무엇보다도 발음이 바르고 정확해야 합니다.
> 발음이 부정확하고 바르지 않으면 아무리 내용이 좋고 어법에 맞아도 의미 전달이 제대로 되지 않습니다.
>
> 정확한 발음을 하려면 입 주위의 근육을 풀어주는 연습을 많이 해야 합니다.
> 발음이 불분명한 사람은 하품할 때처럼 목구멍을 둥그렇게 벌려서 발음하면 좀 더 명확하게 발음할 수 있습니다.
> 입을 크게 벌리고 큰 소리로 또박또박 천천히 말하면 됩니다.

전달력이 좋아지게 하는 비법

● **좋은 목소리의 필수조건 '명료한 발음'**

어떤 목소리가 좋은 목소리일까? 우리가 흔히 좋은 목소리라고 지칭하는 데는 많은 요소가 담겨 있다. 기본적으로는 상대에게 잘 들리고 자신감 있어 보이는 크고 힘찬 목소리가 좋은 목소리라고 할 수 있다. 하지만 그것이 전부가 아니다. 여기에 더해 정확하고 명료한 발음을 구사해야 비로소 좋은 목소리라고 할 수 있다.

좋은 목소리에는 '명료한 발음'이 필수조건이라고 봐야 한다. 만약 자신의 발음에서 모음 발음이 명료하지 않다면 입 모양을 바르게 해야 하고, 자음 발음이 잘 안 된다면 조음법을 제대로 익혀야 한다. 자음과 모음 발음을 정확하게 구사하려는 노력을 기울이면 전달력은 곧바로 눈에 띄게 좋아진다.

● 입 모양을 바르게 해야 한다

모음 발음은 입 모양이 주관한다. 각 모음에는 고유의 입 모양이 있다. 상하로 벌리는 모음에는 'ㅏ, ㅓ'가 있고, 좌우로 벌리는 모음에는 'ㅡ, ㅣ, ㅔ'가 있다. 입술을 동그랗게 모아서 앞으로 내밀면서 발음하는 모음에는 'ㅗ, ㅜ'가 있다. 모음은 입 모양에 따라 달라지기 때문에 모음 발음을 훈련할 때는 반드시 거울을 보면서 해야 한다.

나는 교육생들을 코칭할 때도 항상 거울을 비치해 본인들의 입 모양을 확인하면서 연습하게 한다. 발음할 때 본인의 입 모양을 처음으로 본 이들은 생소해하고 놀라워한다. 하지만 거울을 보면서 입 모양을 교정하면 모음 발음의 정확성이 며칠 만에도 빠르게 좋아진다. 따라서 연습을 부지런히 하는 것이 좋다.

모음 발음은 발음의 정확도를 높이는 가장 빠르고 획기적인 훈련이다. 아래 단어들을 읽으며 오늘부터라도 거울을 보면서 입술 모양을 정확하게 만드는 훈련을 반복해보자. 어느새 발음이 훨씬 더 정확해졌음을 확연히 느끼게 될 것이다.

✔ 모음의 법칙

• 상하 〔ㅏ〕, 〔ㅓ〕   • 좌우 〔ㅡ〕, 〔ㅣ〕, 〔ㅔ〕   • 앞 〔ㅗ〕, 〔ㅜ〕

김치	에누리	아버지	머리띠	고등어
기린	테니스	할머니	허리띠	호랑이
이끼	메아리	가랑비	컴퓨터	놀이터
끼니	레이스	자동차	널빤지	조리개

●   ## 조음점에 제대로 닿아야 한다

'조음점'이란 발음을 만들어내는 정확한 지점을 의미한다. 정확한 자음 발음을 만들기 위해서는 조음점이 어디에 있는지

정확한 위치를 알아야 한다. 그러려면 혀나 입술을 부지런히 움직이면서 조음점을 찾아야 한다. 자음은 혀나 입술이 닿아서 나는 소리로, '닿소리'라고 부른다. 즉 조음점에 정확히 닿아야 발음이 정확해진다.

자음은 홀로 소리를 낼 수 없고 모음과 합해져야 발음할 수 있다. 조음 위치에 따라 양순음 'ㅁ, ㅂ, ㅍ, ㅃ', 치조음 'ㄴ, ㄷ, ㅌ, ㄸ, ㄹ, ㅅ, ㅆ', 경구개음 'ㅈ, ㅉ, ㅊ', 연구개음 'ㄱ, ㅋ, ㄲ, ㅇ', 성문음 'ㅎ'으로 나뉜다. 양순음은 입술, 치조음은 혀끝, 경구개음은 단단한 앞쪽 입천장, 연구개음은 부드러운 뒤쪽 입천장에 닿아서 소리가 나며, 성문음은 목구멍에서 소리가 난다.

다음과 같은 조음 위치를 정확히 파악해 혀가 제대로 닿을 수 있도록 지금부터 부단히 훈련해보자.

✔ ㄱ, ㅋ, ㄲ, ㅇ

혀 뒤가 여린입천장에 닿았다가 떨어지면서 나는 자음 소리로, '연구개음'이라 한다.

✔ ㄴ, ㄷ, ㅌ, ㄸ, ㄹ, ㅅ, ㅆ

혀끝이 윗잇몸에 닿았다가 떨어지면서 나는 자음 소리로,
'치조음'이라 한다.

✔ ㅁ, ㅂ, ㅍ, ㅃ

두 입술이 붙었다가 떨어지면서 나는 자음 소리로, '양순음'
이라 한다.

✔ ㅈ, ㅉ, ㅊ

혓바닥이 센입천장에 닿았다가 떨어지면서 나는 자음 소리
로, '경구개음'이라 한다.

✔ ㅎ

목청 사이에서 나는 자음 소리로, '성문음'이라 한다.

대강 말하면
말의 품격이 떨어진다

● 　　　　　자신도 모르게 이미지를 망치는 발음

사람들이 알고 나면 정말 깜짝 놀라는 잘못된 발음이 있다. 바로 ㄴ 받침 발음이다. ㄴ 받침은 치조음이라 불리는 혀끝소리로, 혀끝을 윗잇몸에 붙였다가 떨어트려야 한다. 하지만 대다수가 혀끝을 붙이지 않고 떨어트려서 ㅇ처럼 발음하곤 한다.

　예를 들어 '연결'이라는 단어의 경우, "전화 **영결**이 안 되네요"라고 잘못 발음한다. 이런 현상은 너무 많아서 다 열거하기 힘들 정도다. "나 요즘 **칭구**하고 **꽝계**가 안 좋아." "제가 아는 **영구원**이 한 분 계신데요." "우리 회사 신사옥은 올해

왕꽁될 예정입니다.""부모님 **컹강**이 많이 안 좋아지셨어."
놀랍지 않은가? 이렇게 ㄴ 받침을 잘못 발음하는 일이 우리
주변에 너무나 많다.

연결 [연결](ㅇ), [영결](×)
관계 [관계](ㅇ), [광계](×)
건강 [건강](ㅇ), [겅강](×)
친구 [친구](ㅇ), [칭구](×)
반가워 [반가워](ㅇ), [방가워](×)
연구원 [연구원](ㅇ), [영구원](×)
이준기 [이준기](ㅇ), [이중기](×)

이번에는 ㄴ 받침을 ㅁ으로 발음하는 잘못된 사례다. ㄴ 받
침은 혀끝을 윗잇몸에 붙여야 제대로 발음이 되는데, 그러지
않고 양 입술을 포개서 ㅁ으로 발음하는 것이다. ㄴ 받침을
제대로 발음하려면 절대 입술을 포개서는 안 된다. ㄴ 받침을
정확하게 하지 않고 ㅁ으로 발음하면 다음과 같은 사태가 벌
어진다. "**점무**님이 지금 자리를 비우셨는데요,""**점부** 안 된
다고 합니다,""이번 **함 번**만 넘어가면 안 될까요?""오늘 특
별히 **점문가 함 분**을 모셨습니다."

우리가 그동안 잘못된 발음을 이렇게 많이 하고 있었다는 사실이 놀랍지 않은가? 발음을 정확하게 해야 말의 내용이 제대로 전달될 수 있다.

그뿐 아니라 잘못된 발음은 자신의 이미지와 품격까지 떨어트린다. 그러면 '나'라는 사람 자체에 대한 신뢰성에 타격을 입힐 수 있다.

전무 [전무](○), [점무](×)
근무 [근무](○), [금무](×)
한 번 [한 번](○), [함 번](×)
전면 [전면](○), [점면](×)
인물 [인물](○), [임물](×)
헌법 [헌법](○), [험뻡](×)
신문 [신문](○), [심문](×)
전문가 [전문가](○), [점문가](×)
한반도 [한반도](○), [함반도](×)

ㄴ의 정확한 조음점을 확인하고 ㄴ이 들어간 단어를 연습해보자. ㄴ, ㄷ, ㅌ, ㄸ의 조음점이 모두 같아서 치조음을 마스터하면 발음이 눈에 띄게 좋아진다. 특히 격식체의 어미는 대

부분 '-니다'로 끝난다. 이를테면 '-됩**니다**, -합**니다**, -했습**니다**, -됐습**니다**, -하겠습**니다**' 등이다. 따라서 치조음을 정확하게 발음하면 똑 부러지는 말투는 물론 지적인 이미지를 얻을 수 있다.

예사소리, 거센소리, 된소리는 바람 세기의 차이가 있으니 약풍, 중풍, 강풍의 느낌으로 조금씩 더 강하게 발음해야 한다. 다음의 단어와 예시문을 따라 연습해보자.

ㄸ	ㅌ	ㄷ	ㄴ
따개	타조	당도	나이
땅콩	탄성	당구	나라
딸기	탈춤	대추	나무
딱지	털보	대감	내과
따오기	태양	도둑	노래
땅거미	털갈이	달란트	노랑
떠돌이	태평소	달덩이	노란색
뚱딴지	게이트	돌잡이	너구리
뚝배기	톨게이트	대머리	널뛰기
떠꺼머리	오바이트	대가족	넌덜머리

- 민준이는 나무 위에 앉아 있는 너구리와 땅거미를 보고 도망 갔다.
  - ◉◈ [민주니는 나무 위에 안자 인는 너구리와 땅꺼미를 보고 도망갇따.]
- 지연이는 땅콩과 떡볶이를 먹고 난 뒤 영희와 함께 태평소를 불었다.
  - ◉◈ [지여니는 땅콩과 떡뽀끼를 먹꼬 난 뒤 영히와 함께 태평 소를 부럳따.]

10명 중 9명이 틀리는 발음

ㄴ 받침만큼이나 많은 사람이 틀리는 발음이 ㅎ 발음이다. ㅎ은 성문음으로, 목구멍에서 호흡을 뱉으면서 발음하는 자음이다. ㅇ보다 호흡을 조금 더 뱉어야 정확하게 발음된다. 하지만 대다수 사람이 호흡을 덜 뱉어서 ㅇ으로 발음하는 경우가 많다.

예를 들면 '오후'라는 단어를 "오늘 **오우**에 어디 가?"라고 잘못 발음한다. "저는 **대악**에서 **수악**을 전공하고 있습니다."

"저는 **과악자**가 되는 것이 꿈입니다.""제가 이번에 **벼노사** 사무실을 개업했어요.""여름에 **대안안공** 타고 유럽에 다녀왔어요." 사람들이 대부분 이렇게 ㅎ 발음을 틀리게 발음하기 때문에 ㅇ으로 발음해도 전혀 이상하지 않고 오히려 익숙하게 느껴진다. 그만큼 ㅎ 발음을 제대로 하는 사람은 정말 찾기 힘들다.

ㅎ 발음은 내가 항공사 공채를 준비하는 승무원 지망생을 코칭할 때도 많이 연습시켰던 부분이다. 항공사 용어나 명칭에 ㅎ이 많이 들어가 있기 때문이다. 철저한 면접 답변 준비와 스피치 연습 덕분에 승무원 제자들은 국내 전 항공사와 외항사에서 활약하고 있고, 입사 후에도 높은 기내 방송 자격을 유지하고 있다.

아나운서들은 모든 발음을 다 정확하게 하는데, 특히 ㅎ은 아주 또렷하게 발음한다. 기상캐스터들도 "고기압의 **영양**을 받겠습니다.""태풍의 **영양권**에 들겠습니다"라고 말하지 않고 "고기압의 **영향**을 받겠습니다.""태풍의 **영향권**에 들겠습니다"라고 말한다. 아나운서들과 기상캐스터들의 정확한 발음을 교본 삼아 이제부터 자신의 말의 전달력과 품격을 높여보자.

오후 [오후](○), [오우](×)

위험 [위험](○), [위엄](×)

영향 [영향](○), [영양](×)

수학 [수학](○), [수악](×)

과학 [과학](○), [과악](×)

간호사 [간호사](○), [가노사](×)

변호사 [변호사](○), [벼노사](×)

윤도현 [윤도현](○), [윤도연](×)

김지현 [김지현](○), [김지연](×)

대안민국 [대한민국](○), [대안민국](×)

대한항공 [대한항공](○), [대안앙공](×)

이제 ㅎ의 정확한 조음점을 확인하고, ㅎ이 들어간 단어를 연습해보자. ㅎ은 목구멍에서 호흡을 뱉으면서 발음해야 한다. 잠시 오른손으로 주먹을 쥐고 손등에 '하'와 '아'를 한 번씩 소리 내어보자. '하'를 소리 낼 때 손등이 더 뜨거워지는 것을 느끼게 될 것이다. 만약 '아'를 뱉을 때와 비슷하거나 잘 모르겠다면 호흡을 덜 뱉은 것이다. 이런 경우 '하'를 뱉을 때 의식적으로 손등이 뜨겁게 느껴질 정도로 호흡을 더 뱉으며 소리 내야 한다.

다음 단어와 예시문을 따라 연습해보자.

ㅎ 하루 허리 허브 후회 신한 은행 사회 문화
수학 수학과 과학 과학자 변호사 간호학과
하회탈 할머니 대학교 윤도현 조양호
호루라기 훈민정음 대한항공 대한민국

• 하루가 허무하게 지나가자 후회가 밀려왔다.
• 대한항공은 최고의 항공서비스로 고객을 모시겠습니다.

입 모양을 바꿔야 하는 발음

이중모음은 두 개의 모음이 결합되어 만들어진 모음으로, 입 모양의 처음과 끝이 바뀌어 발음된다. 단모음 두 개의 발음을 빠르게 전환해서 정확하게 발음해야 한다. 하지만 많은 이들이 이중모음을 단모음처럼 발음한다. 예를 들면 "**과자** 주세요"를 "**가자** 주세요"라고 하는 식이다. 이렇게 발음하면 상대방은 제대로 알아듣지 못한다.

보관 [보관](O), [보간]
통과 [통과](O), [통가]
통화 [통화](O), [통하]
관광 [관광](O), [관강]
입장권 [입짱꿘](O), [입짱껀](×)

ᅪ(ㅗ + ㅏ)	ᅯ(ㅜ + ㅓ)	ᅴ(ㅡ + ㅣ)
와사비	권태기	의미
과학자	권한	의사
관찰력	원두막	의류
꽈배기	월요일	의리

특히 이중모음 'ᅴ'는 발음하는 방법이 세 가지이기 때문에 정확히 알고 발음해야 한다. 먼저, [ᅴ]로 발음해야 하는 경우는 첫음절에 '의'가 나올 때다. [ㅣ]로 발음해야 하는 경우는 두 가지인데, 하나는 자음을 첫소리로 가지는 'ᅴ'일 때, 다른 하나는 첫음절 이외의 둘째 음절 이하에서 쓰일 때다. 조사의 'ᅴ'는 [에]로 발음한다.

그러면 '민주주의의 의의'는 어떻게 발음할까? 첫 번째 '의'는 조사가 아니고 첫음절이 아니기 때문에 [이]로, 두 번째

이중모음 'ㅢ'의 다양한 발음

의	* 첫음절 'ㅢ'는 이중모음 [의]로 발음한다. [의원](○), [으원](×) [의상실](○), [으상실](×) [의논](○), [으논](×) [의리](○), [으리](×) [의심](○), [으심](×) [의롭다](○), [으롭다](×)
이	* 자음을 첫소리로 가지는 'ㅢ'는 [이]로 발음한다. 희망 → [히망] 늴리리 → [닐리리] 띄어쓰기 → [띠어쓰기] * 'ㅢ'는 둘째 음절 이하에서 [이]로 발음할 수 있다. 주의 → [주이] 회의 → [회이] 여의도 → [여이도] 민주주의 → [민주주이]
에	* 조사 'ㅢ'는 [에]로 발음할 수 있다. 나의 → [나에] 우리의 → [우리에] 국민의 → [궁미네] 조국의 → [조구게]

'의'는 조사이기 때문에 [에]로, 세 번째 '의'는 첫음절이기 때문에 [의]로, 마지막 '의'는 두 번째 음절이기에 [이]로 발음

할 수 있다. 따라서 [민주주이에 의이]로 발음해야 한다.

ㅎ 자음과 이중모음을 동시에 연습하는 아주 쉬운 훈련법이 있다. 3단계로 나눠서 차근차근 연습하는 것이다. 완전히 내 것으로 소화할 정도로 반복해서 연습해야 한다. 1단계는 '정치 경제'와 '사회 문화'를 두 파트로 나눠 빠르고 정확하게 발음한다. 이것을 연달아 세 번 반복한다. 2단계는 '사회부 기자'와 '문화부 장관'을 두 파트로 나눠 빠르고 정확하게 발음한다. 역시 연달아 세 번 반복한다. 음절이 길어져서 조금 어려울 수 있지만, 길게 말해도 정확하게 발음할 수 있을 정도로 연습해야 한다. 마지막 3단계는 앞에 이름을 붙여서 '○○○ 사회부 기자'와 '○○○ 문화부 장관', 이렇게 두 파트로 나눠 빠르고 정확하게 발음한다. 어려운 이름을 붙이면 더 힘들지만, 고강도 훈련이 된다. 모두 세 번 이상 반복 연습해서 입에서 꼬이지 않고 매끄럽게 발음될 수 있도록 한다.

[1단계] 정치 경제 / 사회 문화 (세 번 반복)
[2단계] 사회부 기자 / 문화부 장관 (세 번 반복)
[3단계] ○○○ 사회부 기자 / ○○○ 문화부 장관 (세 번 반복)

습관적으로 자주 틀리는 발음

●

개인 코칭을 받는 시중 은행 지점장님과 일정을 조율하는 중에 그분이 습관적으로 자주 틀리는 발음 몇 가지를 캐치했다. 처음에는 '실수로 잘못 발음하신 거겠지'라고 생각하고 넘어갔지만 몇 번 반복되는 것을 보고 정확한 표준발음을 알려드렸다. 그분은 "아, 그렇게 발음하는 거군요. 이제부터 제대로 발음해야겠네요"라고 기분 좋게 받아들이시더니 다음부터는 실수하지 않으셨다. 그때 그분이 틀렸던 발음이 '월뇨일' '금뇨일'이었다. 연음법칙을 지키지 않은 잘못된 발음이다.

연음법칙은 앞 음절의 받침에 모음으로 시작되는 형식 형태소가 이어지면 앞의 받침이 뒤 음절의 첫소리로 발음되는 현상을 말한다. 이를테면 '낮에[나제]' '옷을[오슬]'과 같이 발음하는 것이다. 따라서 '월요일'과 '금요일'은 연음법칙을 적용해 '[워료일]' '[그묘일]'로 발음하는 것이 맞다.

이렇게 습관적으로 틀리는 발음들은 말의 품격을 떨어트리고 의사소통의 걸림돌이 된다. 따라서 반드시 확인하고 정확한 발음을 구사해야 한다. 다음은 사람들이 습관적으로 자주 틀리는 발음의 몇 가지 유형을 정리한 내용이다.

불필요한 음운 첨가

물욕	무룍(O)	물룍(X)
절약	저략(O)	절냑(X)
참여	차며(O)	참녀(X)
촬영	촤령(O)	촬령(X)
활용	화룡(O)	활룡(X)
검열	거멸(O)	검녈(X)
발열	바렬(O)	발렬(X)
오남용	오나뮹(O)	오남뇽(X)
일요일	이료일(O)	일뇨일(X)
월요일	워료일(O)	월뇨일(X)
금요일	그묘일(O)	금뇨일(X)
날아왔다	나라와따(O)	날라와따(X)
필요하다	피료하다(O)	필료하다(X)
들어가려면	드러가려면(O)	들어갈려면(X)

불필요한 된소리

가득	가득(O)	까득, 까뜩(X)
가짜	가짜(O)	까짜(X)
작다	작다(O)	짝따(X)
좁다	좁따(O)	쫍따(X)
닦다	닥따(O)	딱따(X)
가시	가시(O)	까시(X)
졸병	졸병(O)	쫄병(X)
창고	창고(O)	창꼬(X)
소주	소주(O)	쏘주, 쐐주(X)
새것	새걷(O)	쌔걷(X)
자투리	자투리(O)	짜투리(X)
볶음밥	보끔밥(O)	뽀끔밥(X)
베끼다	베끼다(O)	뻬끼다(X)
거꾸로	거꾸로(O)	꺼꾸로(X)
족집게	족찝께(O)	쪽찝께(X)
고가도로	고가도로(O)	고까도로(X)

잘못된 비표준어

꽃이	꼬치(O)	꼬시(X)
손잡이	손자비(O)	손재비(X)
목젖이	목쩌지(O)	목쩌시(X)
뜻있는	뜨딘는(O)	뜨신는(X)
값있는	가빈는(O)	갑씬는(X)
끊기다	끈키다(O)	끈기다(X)
부수다	부수다(O)	부시다, 뿌시다(X)
비비다	비비다(O)	부비다(X)
손끝으로	손끄트로(O)	손끄스로(X)
밤낮으로	밤나즈로(O)	밤나스로(X)
으스대다	으스대다(O)	으시대다(X)
부조	부조(O)	부주(X)
삼촌	삼촌(O)	삼춘(X)
꽃바구니	꼳빠구니(O)	꼽빠구니(X)

학교 교수학습지원센터의 요청을 받아 몇 년간 교수 대상으로 교수법과 스피치 특강을 전국적으로 했던 시절이 있다. 당시 강의를 들은 분들은 "그동안 말할 때 목이 쉬거나 아프던 증상들이 발성 훈련을 통해 개선되고, 말하기에 대해 고민했던 부분들이 해결되었다"라며 반응이 폭발적이었다.

그때 나는 각 대학의 홈페이지에 들어가 학과를 살폈고, 그중 발음하기 어려운 학과명과 교수님 성함을 골라 강의 실습으로 발음을 연습하게 했다. 그러자 "그동안 학과명과 학생들 이름, 그리고 강의 중에 자주 언급했던 전문용어들을 잘못 발음하고 있었다는 사실을 인지하지도 못했었다"라면서 "이번 기회에 제대로 배울 수 있어서 너무 유익하고 도움이 많이 되었다"는 이야기를 하셨다.

발음은 사회적 약속이다. 정확하게 발음할 때 말의 내용이 상대에게 잘 전달된다. 모든 사람이 정확한 발음으로 말해야 하는데, 특히 누군가를 가르치거나 많은 사람에게 영향력을 미치는 교수나 리더라면 필수적으로 정확한 발음을 구사해야 한다. 모국어이기 때문에 신경 쓰지 않고 지나쳤던 사소한 부분들을 이제 더 나은 방향으로 변화시켜보자.

띄어쓰기가 아니라
끊어 읽기가 중요하다

한 호흡 챌린지

한때 온라인 숏폼에서 '한 호흡 챌린지'가 유행한 적이 있다. 1분 이내의 긴 문장을 쉬지 않고 말하는 챌린지다. 이것은 호흡 측면에서는 폐활량을 늘리는 훈련이 되지만, 의미 전달 측면에서는 도움이 안 된다. 마치 띄어쓰기가 없는 것처럼 모든 음절을 붙여서 말하기 때문이다.

그렇다면 다음에 나오는 예시문처럼 띄어쓰기가 되어 있는 대로 말하는 것은 괜찮을까? 글을 쓸 때는 띄어쓰기에 맞춰 쓰는 것이 원칙이지만, 말할 때는 띄어쓰기가 아니라 의미 단

CHAPTER 2
전달

안녕하세요. 반갑습니다. 지금부터 '한 호흡에 한 글자도 틀리지 않고 정확하게 말하기' 한 호흡 챌린지를 시작하도록 하겠습니다. 도대체 이걸 왜 하느냐? 이렇게 하면 말하기의 유연성을 키울 수 있기 때문인데요. 말하기의 유연성이란 버벅거리지 않고 자연스럽고 유연하게 말할 수 있는 능력을 일컫는 말인데요. 보통 말하기를 잘하는 사람들이 말하기의 유연성이 좋은 사람들입니다. 그리고 호흡이 길어지면 길어질수록 안정감 있는 목소리를 낼 수 있죠. 여러분도 한번 도전해보시기 바랍니다. 지금까지 말하기 '한 호흡 챌린지'였습니다. 감사합니다.

위로 끊어서 말해야 한다. 말의 맥락과 의미를 무시한 채 모든 음절을 붙여서 읽는다든지, 글쓰기에 적용되는 띄어쓰기에 맞춰서 말하면 전달력이 떨어진다.

예시문의 한 문장을 띄어쓰기대로 말한다면 이런 식으로 말하게 된다. "지금부터/한/호흡에/한/글자도/틀리지/않고/정확하게/말하기/한/호흡/챌린지를/시작하도록/하겠습니다." 하지만 끊어 읽기는 의미 단위로 말하는 것이기 때문에 이렇게 읽어야 한다. "지금부터/한 호흡에 한 글자도 틀리지 않고/정확하게 말하기/한 호흡 챌린지를 시작하도록 하겠습니다." 이처럼 쉬는 부분이 훨씬 줄어든다.

[띄어쓰기]

지금부터∨한∨호흡에∨한∨글자도∨틀리지∨않고∨정
확하게∨말하기∨한∨호흡∨챌린지를∨시작하도록∨하
겠습니다.

[끊어 읽기]

지금부터/한 호흡에 한 글자도 틀리지 않고/정확하게
말하기/한 호흡 챌린지를 시작하도록 하겠습니다.

●   의미 단위로 끊어서 말하라

최근에는 띄어쓰기 챌린지가 유행이다. 띄어쓰기의 중요성이
라는 콘셉트로 온라인에서 챌린지 영상이 많이 공유되고 있
는데, '띄어쓰기'와 '끊어 읽기'를 재미있게 배울 수 있는 계
기가 되어 고무적인 일이라고 생각한다.

  많은 조회 수를 기록한 몇 가지 사례는 이를테면 이런 것들
이다. '사랑… 해보고 싶어'와 '사랑해. 보고 싶어' '언제나 사
랑해!'와 '언제 나 사랑해?' '막내가 좋아?'와 '막 내가 좋아?'

'바래다줄게'와 '바래? 다 줄게' '너무 심했잖아'와 '너… 무심했잖아' '회사 줄게'와 '회 사줄게.' 이 띄어쓰기 챌린지를 보면 말의 의미를 제대로 전달하는 것이 얼마나 중요한지 알 수 있다.

• 나물 좀 줘. • 나 물 좀 줘.	• 오늘밤 나무 사온다. • 오늘 밤나무 사온다.
• 사랑… 해보고 싶어. • 사랑해. 보고 싶어.	• 언제나 사랑해! • 언제 나 사랑해?
• 막내가 좋아? • 막 내가 좋아?	• 바래다줄게. • 바래? 다 줄게.
• 너무 심했잖아. • 너… 무심했잖아.	• 회사 줄게. • 회 사줄게.

2014년 당시 조현아 전 대한항공 부사장의 일명 '땅콩회항 사건'으로 대한민국이 크게 떠들썩했던 적이 있다. 4년 뒤인 2018년에는 조현민 현 한진그룹 부사장의 '물컵 갑질 사건'으로 또다시 대한항공 오너 일가가 국민적 질타를 받았다. 대한항공의 잇따른 오너리스크로 회사 이미지가 실추되자 결국 부친 고 조양호 회장이 당시 기자회견을 열어 공식 사과문을 발표했다.

그때 사과문을 낭독하는 조 회장은 자필로 쓴 원고를 들고 있었는데 그 원고에는 문장 중간중간에 '/' 표시가 있었다.

'큰 물의를 일으킨 것에 대해 / 국민 여러분께 / 진심으로 / 사죄드립니다.'

원고에 표시된 '/'는 아나운서들이 뉴스를 할 때 띄어 말해야 하는 부분에 표시하는 기호다. 대국민 사과를 하는 매우 엄중한 자리인 만큼 메시지를 잘 전달하기 위한 조 회장의 노력이 엿보인 부분이다. 이처럼 우리가 공식적인 자리에서 말할 때는 그에 맞는 품격을 갖추고 많은 준비와 노력을 해야 한다는 것을 잊지 말자.

● 끊어 읽기의 원칙

이제는 조금 더 긴 문장을 가지고 끊어 읽기를 연습해보자. 앞서 살펴봤듯이, 끊어 읽기를 잘못하면 말의 내용이 완전히 달라지고 의미가 잘못되기 때문에, 내용을 먼저 이해하고 그 의미에 맞게 끊는 것이 중요하다. 다음과 같은 몇 가지 원칙만 지키면 된다.

먼저 주어부 다음에는 끊어 읽는다. 문장은 주어와 동사, 서술어로 이루어진다. 그래서 각각의 의미대로 끊어서 말했을 때 상대가 내용을 빠르고 정확하게 이해할 수 있다. 이는 모든 아나운서가 철칙으로 여겨서 반드시 지키는 원칙이기도 하다.

또한 합성어는 조합된 단어들 사이에 포즈^{Pause}를 두어 각 단어의 의미를 살려주면서 읽는다. 예를 들면 한국문화관광연구원은 '한국의 문화와 관광을 연구하는 사람'이라는 의미를 담고 있다. 따라서 '한국∨문화∨관광∨연구원'으로 읽어야 한다. 또 다른 예로, 국립현대미술관 역시 '국립∨현대∨미술관'이라고 읽으면 된다. 이때 포즈를 두는 부분에서 진짜 숨을 쉬는 것이 아니라 아주 잠시 멈추었다가 말하는 것이다. 각 단어의 의미를 살려주되 너무 분절되지 않도록 말하는 것이 핵심이다.

공식적인 자리에서 발표할 때 관련 용어나 프로젝트명, 단체 이름 등 합성어로 이루어진 고유명사를 말해야 하는 경우가 많다. 따라서 이런 단어들을 사전에 표시해두고 자연스럽게 발음할 수 있을 때까지 반복 연습해야 한다. 다음 예시문에 표시된 대로 끊어 읽기를 적용해 읽어보자.

안녕하십니까 / ○○○입니다.

국민 10명 중 7명은 /
문화 예술 분야의 양극화가∨
심하다고 생각하는 것으로 조사됐습니다.

한국∨문화∨관광∨연구원이∨
전국 15세 이상 남녀 천 명을 설문조사한 결과, /
71%가∨ 문화 예술을 누리는 데 대한∨
빈부격차가 '심하다'고 답했으며, /
'약하다'고 답한 사람은/ 4%에 그쳤습니다.

한편, 경제 상황이 나아질 때∨ 지출을 늘리겠다는 분야는 /
문화 예술이 45%로 1위를 차지했고/ 의생활이 35%,∨
교육이 29%로 뒤를 이었습니다.

말끝을 흐리면
핵심이 흐려진다

● **인사담당자와 리더가 가장 싫어하는 말 습관**

온라인 취업포털 '사람인'이 인사담당자를 대상으로 '면접에서 지원자의 무의식적인 버릇 때문에 감점 등 불이익을 준 경험이 있는가'를 조사했다. 그 결과 67.9%가 '있다'라고 응답했다. 감점 대상이 되는 버릇 1위는 바로 '말끝 흐리기'였다. 또 다른 설문에서도 인사담당자의 86.6%가 구직자의 무의식적인 버릇이 평가에 부정적인 영향을 미친다고 답했으며, 인사담당자들이 가장 싫어하는 구직자의 버릇 1위로 '말끝을 흐리는 습관'을 꼽았다.

누군가는 '설마 이런 걸로 불이익을 준다고?'라며 놀라는 사람이 있을 것이다. 하지만 나에게는 전혀 놀라운 일이 아니다. 실제로 취업이나 이직 면접을 대비해 우리 교육원에 찾아오는 구직자들을 통해 흔히 알 수 있는 일이기 때문이다.

면접 코칭 첫 시간에는 그들에게 몇 가지 기출 질문을 던지며 모의 면접을 진행한다. 예를 들어 "여가 시간에는 무엇을 하시나요?"라고 물으면 그들은 "음, 여가 시간에는 운동도 하고 집에서 쉬거나 하고…" "특별히 하는 건 없는데…" 이런 식으로 말을 맺지 못하고 얼버무린다. 운동을 집에서 한다는 건지, 집에서 쉬는 거 말고 또 다른 것을 한다는 건지, 특별히 하는 건 없는데 그다음 무슨 말을 하고 싶은 건지, 핵심을 정확히 알 수 없다.

연예인의 병영생활 체험기를 다룬 MBC 예능프로그램 〈일밤-진짜사나이〉에서는 개그맨 김영철이 말끝을 흐리는 습관 때문에 소대장에게 계속 지적당하는 장면이 화제가 됐다. 그는 살벌한 분위기에 당황한 기색이 역력했고, 평소 활달한 성격과 다르게 의기소침해졌다.

이처럼 말끝을 흐리는 습관은 자기 생각이나 의견을 분명하게 전달하지 못할 뿐 아니라 상대에게 자신감이 없거나 준비가 부족한 사람이라는 부정적인 인상을 심어준다. 이런 말 습관은 특정 상황에서만 나오지 않는다. 사적인 일상생활은 물론 회의나 발표, 협상 등 공적인 자리에서도 고스란히 드러 난다.

자신도 모르는 사이에 상대에게 비호감을 살 뿐 아니라 의사전달에 방해가 되는 말 습관은 의식적으로 없애야 한다. 다음의 세 가지 방법을 익히면 말끝을 흐리는 습관을 빠르게 개선할 수 있다.

서술어를 끝맺는다

첫째, 서술어를 끝맺어야 한다. "한국말은 끝까지 들어봐야 한다"는 말이 있다. 주어 다음에 동사가 바로 나오는 영어 어순과 다르게 한국어의 어순은 '주어+목적어+동사'의 순이다. 서술어가 문장의 맨 마지막에 배치된다. 서술어는 주어의 동작이나 상태, 성질 등을 서술하는 말로, 품사 중 동사와 형용사가 주로 쓰인다. 문장의 마지막에 나오는 서술어가 말의 전체 의미를 나타내는 핵심이기에 한국말은 끝까지 들어봐야 하는 것이다.

　예를 들어 누군가 "○○씨는 똑똑하고 성격도 좋은데…" 라고 말끝을 흐리며 말했다고 가정해보자. 여기까지만 들으면 '그래서 어떻다는 거지?'라는 의문이 생긴다. 이 말에 서술어를 맺는다면 "○○씨는 똑똑하고 성격도 좋은데, 못하는 게 없어"라든가 "○○씨는 똑똑하고 성격도 좋은데, 허당이야" 등으로 말할 수 있다. 서술어를 분명하게 말하면 말을 듣고 난 뒤에 의문이 생기지 않는다. 물론 내용을 덧붙이지 않고 "○○씨는 똑똑하고 성격도 좋아"라고 끝맺을 수도 있다.

　말끝을 흐리면 서술어가 흐려지기 때문에 문장이 완성되지 않고, 말의 의미가 모호해진다. 따라서 내 말이 상대에게 잘 들리게 전달하려면 말끝을 흐리지 말고 반드시 서술어를 끝맺어야 한다.

　앞의 면접 코칭 사례로 다시 돌아가보자. 교육생의 대답에서 서술어를 끝맺으면 다음과 같이 말할 수 있다. "여가 시간에는 운동합니다. 집에서 쉴 때도 있고요." "여가 시간에 특별히 하는 건 없습니다." 이렇게 문장을 끝맺으며 말하는 습관을 기르는 것이 좋다. 서술어가 문장의 핵심이며, 말의 의미를 결정짓는 중요한 단서라는 사실을 꼭 기억하자.

- ○○ 씨는 똑똑하고 성격도 좋은데….
  - → ○○ 씨는 똑똑하고 성격도 좋은데, 못하는 게 없어.
  - → ○○ 씨는 똑똑하고 성격도 좋은데, 허당이야.
  - → ○○ 씨는 똑똑하고 성격도 좋아.

- 음, 여가 시간에는 운동도 하고 집에서 쉬거나 하고….
  - → 여가 시간에는 운동합니다. 집에서 쉴 때도 있고요.

- 특별히 하는 건 없는데….
  - → 여가 시간에 특별히 하는 건 없습니다.

주어와 서술어를 가까이한다

둘째, 주어와 서술어를 가까이해야 한다. 말끝을 흐리는 사람은 보통 마지막을 어떻게 마무리해야 할지 몰라 난감해한다. 그러다 보니 횡설수설하며 말이 길어지고 끝을 맺지 못한다. 말은 서술어를 끝맺어야 비로소 문장이 완성된다. 따라서 주어와 서술어의 거리를 가까이하면 문장이 짧아지고 말을 빠르게 맺을 수 있다. 이는 말끝 흐리는 습관을 개선하는 데 매우 매우 효과적이다.

알아듣게 말하면
신뢰한다

일례로, 회사에서 서비스 기획업무를 담당하는 분이 프레젠테이션 코칭을 받은 적이 있다. 그는 실무자로서 해당 분야 검색 서비스에 대해 리서치하고 그 결과를 파워포인트로 정리해 다른 팀원들과 상사 앞에서 프레젠테이션해야 했다. 꼼꼼하게 분석된 파워포인트 자료를 보면 소위 '일잘러', 일을 잘하는 사람이라는 것을 단박에 알 수 있었다. 그런데 막상 프레젠테이션하는 모습은 반전이었다.

"벤치마킹 포인트는… 저희가… 음… 고객의 니즈를… 벤치마킹 포인트를 참고함에 있어서… 저희가 참고하는 기준으로서 저희 고객이 어떠한 니즈를 가지고 있는지가 기준이… (되어야 한다고 생각했습니다)." 이런 식으로 머뭇거림이 반복되며 말끝을 흐렸다. 서술어를 빨리 언급해야 하는데 서술어가 뒤로 계속 밀리기 때문에 말끝이 흐려지는 것이었다.

서술어는 '말의 핵심'이다. 그러니 이제부터는 주어와 서술어의 거리를 가까이하자. 서술어를 앞당겨 말할수록 말을 끝까지 마무리 지을 수 있고, 듣는 사람은 말의 핵심을 빠르게 파악할 수 있다. 잘못된 말 습관을 고치면 말의 전달력이 좋아지고, 상대가 내 말에 더 집중하게 된다. 이것이야말로 말하는 사람과 듣는 사람 모두에게 도움이 되는 길이다.

조사와 어미를 짧게 끊어서 말한다

셋째, 조사와 어미를 짧게 끊어서 말해야 한다. 말끝을 흐리면 말소리가 희미해진다. 그러니 말의 내용이 잘 안 들릴 수밖에 없다. 그렇다면 어떻게 말해야 할까? 방법은 아주 간단하다. 끝음절인 조사와 어미를 짧고 분명하게 소리 내면 된다. 끝음절까지 소리가 희미해지지 않고 분명하게 살아있으면 상대에게 말의 내용이 잘 들린다.

아나운서를 떠올리면 쉽게 이해할 수 있다. 혹시 말끝을 흐리는 아나운서를 본 적 있는가? 아마 찾아보기 힘들 것이다. 말끝을 흐리는 습관을 갖고 있다면 애초에 아나운서가 될 수 없다. 불특정 다수에게 뉴스를 전달하는 아나운서는 처음부터 끝까지 정확하게 내용을 전해야 하기 때문이다.

말끝을 흐리는 습관을 고치려면 의식적으로 조사와 어미를 짧고 분명하게 소리 내어 말해야 한다. 똑 부러지게 음절을 끊어서 말하는 것이 중요하며, 음절이 길게 늘어지지 않도록 유의해야 한다. 특히 주격조사인 '-은/-는/-이/-가', 목적격조사 '-을/-를', 서술격조사 '-이다', 부사격조사 '-에서/-에게/-로/-로서(써)', 종결어미 '-다', 연결어미 '-고/-며/-데'

등을 짧게 끊어서 말하면 말끝이 명료하고 또렷하게 들린다. 그러면 말의 앞부분에 비해 뒤로 갈수록 목소리의 힘이 떨어져 말끝이 흐려지는 것을 막을 수 있다.

　다음 예시문에서 밑줄 친 조사와 어미를 짧게 끊어서 말해 보자.

국민 10명 중 7명은 문화 예술 분야의 양극화가 심하다고 생각하는 것으로 조사됐습니다.
한국문화관광연구원이 전국 15세 이상 남녀 천 명을 설문조사한 결과, 71%가 문화 예술을 누리는 데 대한 빈부격차가 '심하다'고 답했으며, '약하다'고 답한 사람은 4%에 그쳤습니다.

국민들이 문화 예술 분야와 더 가까워지기 위해 필요한 정책으로는 '공교육에서 문화 예술 교육을 담당'하는 것과 공공시설 무료입장 확대, 소외계층 관람 기회 확대 등이 상위에 꼽혔습니다.

한편, 경제 상황이 나아질 때 지출을 늘리겠다는 분야는 문화 예술이 45%로 1위를 차지했고, 의생활이 35%, 교육이 29%로 뒤를 이었습니다.

CHAPTER 3

구조

체계적으로 말하면
내용이 꽂힌다

"한마디 말이 이치에 맞지 않으면, 천 마디 말도 쓸모없다."

- 명심보감

요리하듯
말하라

●   **말하기는 최고의 자기계발이다**

"요리하듯이 말하면 됩니다. 그렇게 어렵지 않아요." 대중 앞
에서 말을 잘하고 싶어 하는 분들에게 나는 이렇게 말씀드리
곤 한다. '요리하듯이 말을 하라고?' 사람들은 이 말을 듣고
처음에는 다소 의아해하지만, 설명을 들으면 곧바로 '아하!'
하고 받아들이신다.

알고 보면 말하기와 요리는 유사한 점이 많다. 그래서 요리
하듯 말하기에 접근하면 보다 쉽고 맛있게 말할 수 있다. 말
하기와 요리는 어떤 공통점이 있을까?

Maslow의 욕구 5단계 이론

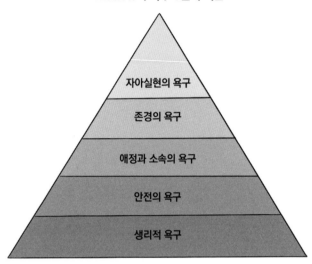

자아실현의 욕구

존경의 욕구

애정과 소속의 욕구

안전의 욕구

생리적 욕구

말하기와 요리는 우리의 보편적 욕구와 연관이 있다. 미국의 심리학자인 에이브러햄 매슬로우^{Abraham Maslow}는 인간의 동기를 '생리적 욕구, 안전의 욕구, 애정과 소속의 욕구, 존경의 욕구, 자아실현 욕구' 등 5단계로 구분했다. 그중에 음식, 물, 성, 수면, 배설, 호흡 등과 같이 인간의 생존에 필요한 본능적인 신체적 기능에 대한 욕구가 바로 생리적 욕구^{physiological needs}다. 그리고 이러한 생리적 욕구를 충족시키는 방법의 하나가 음식을 만들어 먹는 것, 즉 '요리'다.

욕구 피라미드의 최상부에 위치한 자아실현 욕구$^{sel0f\text{-}actuali}$ $^{zation\ needs}$는 각 개인의 타고난 능력 혹은 성장 잠재력을 실행하려는 욕구다. 그리고 말하기는 우리의 잠재력을 깨우고 극대화하는 최고의 자기계발 중 하나다. 자신의 경험과 지식, 노하우를 머릿속에만 담아두는 것이 아니라 프레젠테이션이나 강연, 연설 등을 통해 남 앞에서 멋진 말하기로 선한 영향력을 펼치는 것이기 때문이다. 따라서 자아실현의 욕구를 충족시키는 하나의 방법이 된다. 전혀 상관관계가 없을 것 같던 말하기와 요리가 사람의 보편적 욕구와 깊은 연관성이 있다는 점에서 유사하지 않은가?

사람들의 생리적 욕구를 자극하는 먹방(먹는 방송)이나 쿡방(요리하는 방송), 맛집 소개 등이 계속 사람들의 인기를 끄는 이유도 이와 마찬가지다. 자아실현 욕구를 자극하는 TED(해외 지식공유 강연플랫폼)나 세바시(CBS에서 기획 제작하는 국내 강연플랫폼), 유튜브나 아프리카TV와 같은 1인 방송에 대중들이 열광하는 이유도 모두 인간이 가진 '보편적 욕구'와 무관하지 않다.

말하기와 요리의 유사성

말하기와 요리의 또 다른 유사성은 그 준비 과정에 있다. 누군 가를 초대해 음식을 대접한다고 가정할 때, 요리하는 과정을 한번 떠올려보자. 요리하기 위해서는 가장 먼저 재료가 있어야 한다. 그다음 그 재료들을 잘 다듬어놓고 레시피^{Recipe}대로 조리 해야 한다. 그런 다음에는 먹음직스럽게 플레이팅^{Plating}을 한다.

말하기도 이와 같은 준비 과정을 거친다. 말의 소재(재료)를 선택하고, 내용을 구조화(레시피)해서 상대에게 표현하며, 전 달(플레이팅)해야 한다. 요리하는 방법과 말을 하는 방법은 이 렇게 많이 닮았다.

- **말하기 = 말의 소재 + 구조화 + 표현/전달**
- **요리 = 음식 재료 + 레시피 + 플레이팅**

앞에서 우리는 인간의 생리적 욕구와 자아실현 욕구를 살 펴보았다. 이처럼 인간의 삶에서 음식을 먹지 않고는 살 수 없듯, 말을 하지 않고는 살 수 없다. 요리를 못하는 사람이 갑 자기 자신의 집에 손님들이 찾아와 음식 준비를 해야 할 때

당혹스러운 것처럼, 말하기를 두려워하는 사람이 갑자기 많은 사람 앞에서 말해야 한다면 그야말로 멘붕이 올 것이다. 하지만 피하기만 할 것이 아니라 제대로 한 번쯤 배워 볼 필요가 있다.

2015년 대한민국에 요리 열풍을 일으켰던 〈집밥 백선생〉이라는 tvN 예능프로그램이 있다. 요리를 직접 해본 적이 없거나 요리에 서투른 연예인 패널들이 나와 외식사업가 백종원에게 요리를 배우는 콘셉트였다. 매회 방송이 끝날 때마다 방송에서 다룬 음식 재료들이 마트에서 불티나게 팔렸고, 백종원 레시피가 인터넷을 장악했다.

이 프로그램의 인기 비결은 무엇이었을까? 그것은 바로 마트에서 손쉽게 구할 수 있는 재료와 따라 하기 쉬운 백종원표 레시피였다. 그렇게 회를 거듭할수록 출연자들의 요리 실력도 눈에 띄게 늘었다.

사전 준비가
성패를 좌우한다

● **청중을 아는 것부터가 시작이다**

지금부터 3P 분석을 통해 사전 준비를 해보자. 3P는 People, Place, Purpose를 뜻하는 말로, 청중과 상황, 목적을 의미한다. 본격적으로 요리를 하기에 앞서 상대가 어떤 음식을 좋아하는지 알아야 한다. 자신이 잘하는 음식이 아니라 상대가 좋아하는 음식을 대접할 때 맛있게 먹을 수 있고 만족도가 높기 때문이다.

말하기도 자신이 하고 싶은 말을 일방적으로 쏟아내는 것이 아니라 상대가 듣고 싶은 말을 해야 한다. 청중은 어떤 특

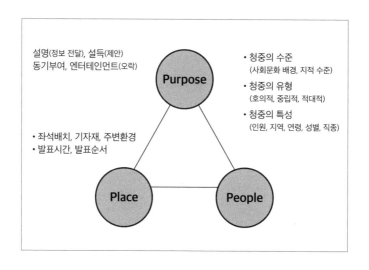

성이 있고, 무엇에 관심이 있는지, 어떤 고민이 있는지, 무엇을 기대하는지를 사전에 철저히 파악할수록 탁월한 강의를 할 수 있다. 높은 만족도는 저절로 따라오게 된다.

국내 한 대기업으로부터 의사소통 스킬과 기업 내 상호존중 소통법에 대한 특강을 의뢰받은 적이 있다. 전문 분야의 주제라 특강을 준비하는 일은 어렵지 않았지만 문제는 인원이었다. 대면으로 300여 명이 참석하고, 온라인으로 접속하는 그룹사 직원은 1,500명가량이었다.

십수 년을 강의해 온 나름 베테랑 강사인 나도 처음에는 그 숫자에 부담을 느꼈다. 내부적으로 중요도가 높고 규모가 있다고 했던 담당자의 말을 실감하는 순간이었다.

나는 참석자들에게 사전질문을 받아 공유해달라고 담당자에게 요청했다. 덕분에 그 많은 사람이 조직 내에서 소통 문제로 어떤 상황에 놓였는지, 어떤 어려움이 있는지, 어떤 점을 궁금해하는지 세밀하게 파악할 수 있었고 작년과 올해에 높은 만족도와 호응 속에서 강연을 잘 마무리했다.

이와 정반대로 초등학교 6학년 학생들을 대상으로 저자 강연을 한 적도 있다. 내가 저술한 초등말하기 책인 『똑 부러지게 내 생각을 전하는 말하기 연습』의 내용을 중심으로 강연을 진행했는데, 장소가 교내 도서관이라는 사실을 사전에 알고 6학년 학생들에게 맞는 활동을 미리 생각했다.

먼저 내 책의 주인공 캐릭터 다섯 명의 이름을 가장 빨리 말하는 아이에게 선물을 주기로 하고 게임을 시작했다. 승부 근성이 있는 아이들이 서로 먼저 하겠다면서 손을 번쩍 들고 분위기가 열이 올랐다. 그렇게 시작한 강연은 가위바위보 게임, 역할극, 말하기 실습 등으로 이어지며 아이들의 적극적인 참여로 끝마쳤다.

기업 임원부터 초등학생까지 내가 만나는 대상은 범위가 넓다. 그만큼 청중 분석을 하고 사전 준비를 철저히 해야 성공적인 강연이 될 수 있음을 매 순간 느낀다. AT&T사의 켄 해머^{Ken Hammer}는 "청중을 생각하지 않고 프레젠테이션하는 것은 러브레터를 쓴 다음 겉봉에 '우리를 아는 모든 사람에게'라고 적는 것과 같다"라고 했다. 여러 사람 앞에서 말을 할 때는 청중을 아는 것부터가 시작이라는 것을 꼭 기억하자.

● 상황을 통제할 줄 알아야 한다

이번에는 상황 분석이다. 어떤 자리에서든 현장 상황을 잘 파악하고 있어야 실수 없이 말을 잘할 수 있고, 돌발상황이 생기더라도 의연하게 대응할 수 있다. 나에게도 아찔한 순간이 있었다. CEO 경영자 포럼에서 '리더의 소통법'을 주제로 강의할 때였다.

그날도 여느 날과 다름없이 강의 시간보다 여유 있게 도착해서 기자재를 점검하고, 강의안을 테스트하고 있었다. 그런데 테스트 중에 갑자기 컴퓨터가 꺼지더니 먹통이 되었다. 시설 담당자를 불러 점검했지만 결국 해결이 되지 않아 PPT 없이 1시간 반 동안이나 강의를 했다. 물론 내용은 머릿속에 다

있었기 때문에 당황하지 않고 잘 마쳤다.

스티브 잡스가 살아생전 애플의 신제품 출시 프레젠테이션을 할 때면 전 세계가 주목한다. 그는 무대, 조명, 동선 체크는 물론 예비 전력까지 백업할 정도로 철저하게 준비하기로 정평이 나 있다.

이처럼 어떤 상황이 발생할지 모르니 마이크, 스피커, 컴퓨터, 파워포인트 등 시청각 기자재를 확인하고 그 외 시간이나 장소도 확실하게 확인해야 한다.

내가 아는 한 강사는 내비게이션에 건물 이름을 검색하고 갔다가 같은 이름의 다른 건물에 도착한 일이 있었다. 다행히 강연 장소에 여유 있게 도착했기 때문에 다시 제 시간에 원래 강연 장소에 도착할 수 있었지만, 자칫하면 큰 실수를 할 뻔했다.

*앞으로 있을 발표와 강의 등을 염두에 두고 작성해보자.

청중분석	
1. 청중규모(인원)	
2. 성별 및 연령	
3. 직업 및 직종	
4. 지역 및 지식수준	
5. 중요 인물	
6. 특이점 및 유의사항	

1. 흥미 관심도	높음　　　　　보통　　　　　낮음
2. 주제 이해도	높음　　　　　보통　　　　　낮음
3. 청중의 태도	호의적　　　　종합적　　　　적대적

상황분석

1. 장소

발표자:　　　　　일 시:　　　　　장 소:

순 서:　　　　　교통편:　　　　　시 간:　　~

2. 내부 시설

공간규모:

조명배치:

좌석배치:

강연대 유무:

특이사항 및 주의점:

3. 기자재 및 환경

화이트보드☐　　　마이크　☐　　　스피커　　☐

전자칠판　☐　　　플립차트 ☐　　　빔 프로젝터 ☐

교재제공　☐　　　기　　타 (　　　　　　　　　　)

● 목적과 목표는 분명해야 한다

목적은 설명(정보 전달), 설득(제안), 동기부여, 엔터테인먼트 (오락) 크게 네 가지로 구분한다. 설명을 목적으로 한 말하기는 무엇을 이해시키거나 지식과 정보를 제공하기 위함이며, 대표적으로 주간 보고, 현황 보고, 수행평가 발표 등이 있다.

설득을 목적으로 한 말하기는 청중으로 하여금 자신에게 호의적인 태도를 가지게 만들거나 감정, 생각, 행동의 변화를 이끌어내기 위함이며, 대표적으로 경쟁 PT, 입찰 PT, 기업설명회(IR), 영업 등이 있다. 비즈니스에서는 이 두 가지 목적의 말하기가 대부분이다. 그 밖에 축사, 격려사, 주례사 등이 동기부여 목적의 말하기이며, 건배사 등이 청중을 즐겁게 하거나 분위기를 띄우기 위한 엔터테인먼트 목적의 말하기에 해당한다.

말하는 목적을 알았다면, 이번에는 구체적인 목표를 수립해야 한다. 발표 코칭을 받으러 온 분들에게 "지금 하시는 이 발표의 목표가 무엇인가요?"라고 물어보면 놀랍게도 목표 없이 그냥 PPT를 넘기며 발표하는 분들이 많다. 또는 목적과 목표를 혼동하고 "설득하려고 발표하는데요"라고 대답하는 분

발표자의 목적	청중의 목적

• 목적 분석

설명(정보 전달): _____%

설득(제안): _____%

동기부여: _____%

엔터테인먼트(오락): _____%

들도 있다. 목적과 목표는 엄연히 다르다. 목적은 궁극적으로 발표를 왜 해야 하는지에 관한 것이고, 목표는 구체적으로 발표에서 성취하고자 하는 것을 의미한다. 목적은 앞서 네 가지로 구분했지만 목표는 단기적인 결과에 초점을 맞추어 구체적으로 기술해야 한다. 발표 코칭 첫 시간에 하는 것이 목표 선언문 작성이다. 다음에 나오는 예문을 참고해 사전에 작성하고 입으로 선언하면 말하기의 방향성을 보다 명확하게 설정할 수 있다.

목표 선언문

• 10분 동안에 예산팀장과 팀원 3명을 대상으로
  우리 부서의 운영비 예산의 실태와 부족 원인 지원방안을 설명해서
  예산팀장이 이번 주 내에 우리 부서에 운영비 천만 원을 배정하도록 설득하겠습니다.

• 30분 동안에 지사 간부 및 본부 타부서 간부 30명을 대상으로
  현재 사업실적과 성과지표 달성도, 미진한 부분에 대한 문제점,
  이에 대한 해결방안을 설명해서 본부장이 해결방안을 한 달 안에
  빠르게 의사결정 하도록 하겠습니다.

• 20분 동안에 임원 및 팀장 5명을 대상으로
  프로모션의 필요성과 효과성에 대해 사례와 근거를 바탕으로 설득해서 임원이 그 즉시 의사결정 하도록 하겠습니다.

　　　　　　　　　　　　동안에　　　　　　　　　　　대상으로
_____
(시간배정)

_____　해서,
　　　　　　　　　　　　　　　(주요 전달 내용)

_____
(은/는/이/가, 대상)

_____

_____

_____

_____

_____　하도록 하겠다.
　　　　　　　　　　　　(원하는 결과)

어디서나 통하는
논리적인 말의 흐름

레시피^{Recipe} 대로 말하라

내가 요리와 말하기가 유사한 점이 많다고 하는 데는 준비 과정이 비슷하다는 점도 있지만, 누구나 배우면 실력을 키울 수 있다는 점도 있다. 〈집밥 백선생〉에 출연했던 연예인 패널이나 시청자들은 처음부터 유명한 셰프^{chef} 같은 요리 실력을 목표로 한 것이 아니었다. 말하기를 처음 배울 때도 마찬가지다. 아나운서나 정치인, 전문 강사처럼 말하려고 하기보다는 지금 자신의 수준에서 차근차근 실력을 키워나가면 된다.

체계적으로 말하면
내용이 꽂힌다

〈집밥 백선생〉의 성공으로 백종원은 최근까지 〈백 파더〉, 〈백종원 클라쓰〉, 〈장사천재 백사장〉 등 다양한 요리 프로그램에서 활약하며 여전히 많은 사람에게 요리를 좋아하고 잘할 수 있도록 돕고 있다. 그러니 요리나 말을 잘하지 못한다고 해서 좌절하거나 실망하지 말자. 누구나 배우면 잘할 수 있는 영역이 '말하기'이다.

지금부터 소개하는 AMD 레시피대로만 하면 누구나 말을 논리적이고 조리 있게 잘할 수 있다. 레시피는 순서가 정해져 있으니 그대로 따라 하면 된다.

먼저, 특별 코스 요리를 귀한 손님에게 대접한다는 마음으로 시작하자. 기념일이나 가족모임 등 중요한 자리가 있을 때 특별히 코스 요리를 먹으러 갈 때가 있다. 코스 요리는 어떻게 나오는가? 처음엔 식욕을 돋우기 위한 애피타이저^{Appetizer}가 나온다. 그런 다음 메인 요리$^{Main dish}$가 나오고, 마지막으로 디저트^{Dessert}가 제공된다. 디저트를 먹으면서 우리는 레스토랑 분위기가 어떤지, 음식 맛은 어떠했는지 음미한다. 코스 요리가 나오는 순서의 앞 글자를 따면 AMD가 된다. 이것을 말하기에 그대로 적용해보겠다.

우리가 사람들 앞에서 말을 할 때는 맨 처음 Attention, 즉

주의를 집중시켜야 한다. 주의를 집중시키는 대표적인 세 가지 방법은 다음과 같다.

첫째, 질문으로 시작하는 것이다. 청중을 집중시키는 가장 좋은 방법인 질문은 상대에 대한 관심을 보여주는 커뮤니케이션 행위이자 생각을 자극시키는 촉매제이다. 따라서 청중이 관심과 존중을 받고 있다고 스스로 느끼게 할 수 있으며, 청중에게 직접적이고 흥미로운 질문을 던져 그 질문에 대한 호기심과 답을 찾기 위한 참여를 유발할 수 있다.

이때 아무 질문이나 던지는 것이 아니라 반드시 주제와 관련해 궁금증을 불러일으킬 수 있는 것으로 해야 한다. 보통 청중이 모르는 것, 궁금해할 내용을 미리 준비해놓는 것이 좋다. 질문으로 시작하면 말이 일방향이 아닌 쌍방향으로 흐르기 때문에 청중과의 소통을 이끌어낼 수 있다.

단, 처음부터 대답하기 어려운 질문은 피하자. 질문이 어려우면 청중은 난감해하고 다소 어색한 분위기가 감돌 수 있다.

그렇다, 아니다 또는 단답형의 대답을 이끄는 '폐쇄형 질문'으로 시작해서 좀더 생각이 필요하고 다양한 의견을 이야기할 수 있는 '개방형 질문'을 이어서 하는 것이 좋다. 또한 일반적인 질문과 구체적인 질문, 청중이 선택하게 하는 객관식 질문도 상황에 따라 활용할 수 있다.

질문을 던질 때도 주의해야 할 점이 있다. 질문에 대해 청중이 생각할 시간을 줘야 한다. 질문을 한 후 잠시 멈춰서 청중의 대답을 기다려줘야 한다. 이는 가장 일반적이고도 효과적인 방법이며, 이때 식욕을 돋우는 애피타이저가 '질문'이 된다.

둘째, 놀라운 놀라운 통계나 흥미로운 사실, 시사적인 뉴스, 충격적인 내용을 제시해 청중의 호기심을 자극하는 것이다. 이는 주제에 대한 중요성을 강조하고, 청중이 왜 이 주제에 주의를 기울여야 하는지를 명확히 전달한다. 무엇보다 초반에 충격요법을 사용함으로써 청중의 집중하는 분위기가 조성된다.

셋째, 주요 용어나 개념을 간단하게 설명하면서 시작하는 것이다. 이는 청중이 주제에 대한 기본적인 이해를 쌓을 수 있도록 도움을 주는 방법이다. 간단한 개념 정리를 통해 전반적인 흐름을 미리 알려 주면서 청중의 호기심을 자연스럽게 유도할 수 있다.

이 밖에 퍼포먼스, 소품 활용, 인용문, 상상 유도, 유머, 경험담, 칭찬 등 다양한 시작 방법이 있지만 가장 대표적인 세 가지 방법을 먼저 익히고 새로운 시도를 해보는 것이 좋다. 아무리 좋은 말도 상대가 들을 준비가 안 되어 있으면 아무 소용이 없기 때문에 애피타이저 단계에 많은 공을 들여야 한다.

*특정 주제를 하나 정해서 처음에 말을 어떻게 시작할지 다음의 세 가지 방법으로 내용을 적어본다.

〔흥미로운 질문으로 시작〕

....

....

....

....

....

....

....

....

....

〔놀라운 통계나 이슈를 제시〕

〔주요 용어나 개념을 설명〕

다음으로 Main Contents, 즉 청중에게 전하고자 하는 주된 내용을 말한다. 청중이 알아야 할 내용, 기억해야 할 주요 내용이나 이야기, 근거와 사례 등을 이 단계에서 언급한다. 내용이 너무 많으면 청중은 모두 기억할 수 없으므로 세 가지 정도의 소주제를 준비해서 말하면 된다.

하고 싶은 말들을 순서 없이 말하면 장황해지기 때문에 듣는 사람이 내용을 잘 기억하지 못한다. 무언가 정리해서 말하려면 무엇부터 이야기할지 번호를 매기는 것이 좋다. 일명 '넘버링' 기법인데, 말을 시작할 때 지금부터 몇 가지를 이야기할 건지 먼저 알려주고, 그런 다음에 차례대로 이야기하는 것이다. '첫째(첫 번째), 둘째(두 번째), 셋째(세 번째)' 또는 '먼저/처음은, 이어서/다음은, 끝으로/마지막은' 등의 표현으로 넘버링해서 말한다. 그러면 듣는 사람도 이해하기 쉽고 잘 기억할 수 있다.

마지막으로 Desire, 즉 청중에 대한 바람을 말하고 동기 부여한다. 이 단계는 청중의 인식과 감정, 행동의 변화를 끌어내는 단계다. 청중에 대한 바람이나 열망, 긍정적이고 강력한 결의, 비전 등을 제시하면 된다. 이미 중요한 내용은 이야기했기 때문에 마지막이 길어지면 안 된다. 그러므로 명언이나

요리	말하기	방법
A(Appetizer) 식욕 돋우기	A(Attention) 집중시키기	인사, 감사 임팩트 있는 도입 주제 언급
M(Main dish) 메인 음식 먹기	M(Main Contents) 주된 내용 말하기	소주제 전개 근거, 사례, 스토리
D(Dessert) 음미하기	D(Desire) 바람, 동기부여 하기	핵심 메시지 강조 격언, 속담, 고사성어, 인용문 호소 및 행동 촉구

속담, 고사성어, 인용문 등을 활용해 핵심 메시지를 짧고 강렬하게 강조하는 것이 좋다.

어떤가? 아주 쉽고 간단한 레시피가 완성되었다. 여기에 브리지 멘트까지 활용하면 더욱 좋다. 브리지 멘트란 말과 말 사이를 이어주는 연결구이자, 프레젠테이션에서 장표와 장표 사이를 이어주는 말을 의미한다. 적재적소에 브리지 멘트를 넣어주면 맥락에 맞게 매끄럽고 자연스러운 말을 이어갈 수 있다. 실제로 교육생들이 "어떤 주제라도 이 레시피 하나로 말하고자 하는 내용이 잘 정리된다"라며 매우 흡족해했다.

사람들은 말을 조리 있게 잘하고 싶어 한다. 그런데 조리가 무슨 의미인지 혹시 알고 있는가? 조리(條理)라는 말은 한자로 '가지, 나뭇가지'의 뜻인 조(條)와 '다스리다, 손질하다'의 뜻인 리(理)로 이루어져 있다. 즉 가지를 손질하고 다스린다는 의미이다. 따라서 조리 있게 말한다는 것은 말의 내용을 가지치기하고 손질해서 말이 앞뒤가 들어맞고 체계가 잡혀 있다는 뜻이다.

비슷한 말로는 두서(頭緖)가 있다. 말이 장황하고 횡설수설하는 사람을 보고 우리는 '두서없이 말한다'고 하지 않는가.

즉 두서는 '일의 차례나 갈피'를 뜻한다.

　말을 잘하려면 '조리' 있게 말해야 하고, 말에 '두서'가 있어야 한다. 그래서 앞뒤가 맞게 차례대로, 순서대로 말의 내용을 구조화하는 것이 중요하다. 말을 잘하고 싶어 하는 사람들에게 나는 '방법'을 일러주기 이전에 이러한 본질적인 뜻을 알려준다. 본질을 알고 연습해야 효과를 제대로 볼 수 있기 때문이다.

　말하기를 너무 어렵게 생각하지 말자. 이제부터는 요리를 하듯 말하자. 어떤 이야기를 할지, 어떻게 말을 전개할지, 그리고 어떻게 표현하고 전달할지, 마치 요리를 준비하고 완성하는 마음으로 시작해보면 좋겠다. 이제 AMD 레시피로 '날것의 말하기'를 다듬고 조리해 '맛있는 말하기'로 완성해보자.

*실제 청중 앞에 있다고 상상하고, 예문을 소리 내어 말하면서 말의 논리적인 흐름을 익힌다.

A	안녕하세요, 이사 견적에 대한 고민과 스트레스를 한 번에 정리해드리는 ○○○입니다. 여러분은 이사할 때 보통 몇 군데나 견적을 받으시나요? 견적 받을 때 가장 중요하게 생각하는 부분은 무엇인가요? 이사할 때마다 견적 받고 비교하고, 이사 후 처리까지 신경 쓸 일이 많죠. 저도 이사를 자주 하다 보니 매번 그런 고민과 스트레스가 많았는데요. 그런 수고를 덜어드리기 위해서 저희가 이사 업체 견적과 비교 분석, 후기와 고객 평가까지 한눈에 볼 수 있는 플랫폼 사업을 시작했습니다.
M	저희 애플리케이션을 사용하면 세 가지 혜택을 누리실 수 있습니다. 첫째, 시간과 수고를 절약할 수 있습니다. 그동안 정확한 견적을 받으려면 직접 방문하거나, 일일이 각 업체별로 견적을 의뢰해야 했는데요. 하나의 플랫폼에서 비교 분석이 가능하기 때문에 그런 과정이 대폭 줄었습니다. 둘째, 만족도가 매우 높습니다. 이사 업체를 신중하게 선정해도 결과에 만족하지 못하는 경우가 많은데요, ○○회사의 애플리케이션에는 모든 건에 대해 고객 평가와 후기 사진이 투명하게 공개되어 있어서 업체들은 책임감이 높고 고객들은 만족도가 높습니다. 셋째, 이사 후의 처리까지 한번에 해결됩니다. 이사를 마친 후에도 에어컨이나 인터넷, TV 등은 해당 업체를 다시 불러서 설치해야 하는 번거로움이 있었는데요, 이삿짐 외에 필요한 설치도 한번에 신청이 가능하게 만들었습니다.
D	이사할 때 겪는 스트레스와 수고를 한결 줄여주는 저희 플랫폼을 한번 이용해 보십시오. 이사가 더 이상 '스트레스'가 아닌 '설레는 새 출발'로 바뀔 겁니다. 감사합니다.

체계적으로 말하면
내용이 꽂힌다

A

M

D

이제 레시피가 있으니 조리 있게 말하는 것이 부담되거나 그리 어렵게 느껴지진 않을 것이다. 단, 한 가지 유념할 것이 있다. 평소에 말할 거리를 수집하자.

코칭을 받으러 오는 분들이나 교육 현장에서 말하기의 고민이 있는 분들의 이야기를 들어보면 "무슨 말을 해야 할지 모르겠다." "말할 거리가 없다"라고 하는 분들이 많다. 이런 이야기를 들으면 오히려 내가 의아함이 든다. 우리는 하루에도 크고 작은 수많은 일을 직간접적으로 경험하지 않는가? 그런데도 말할 거리가 없다는 것은 아마 자신의 주변에서 일어나는 일에 크게 관심을 두지 않았거나 머릿속으로 또는 글로 정리를 해두지 않았기 때문일 것이다. 그래서 막상 무슨 말을 해야 할지 떠오르지 않는 것이다. 우리가 보고 듣고 경험하는 모든 것이 이야기의 소재가 되기 때문에 평소에 관심을 두고 정리해둘 필요가 있다.

그리고 그보다 더 중요한 것은 그렇게 준비된 '말할 거리' 중에서 상대가 듣고 싶어 하는 이야기를 먼저 해야 한다는 것이다. 사람들은 자신과 연관성이 있는 것, 관심을 두고 있는 것에 집중한다. 그래서 상대가 궁금해하는 것을 사전에 파악해 들려줬을 때 적극적인 참여와 호응이 뒤따른다. 정성스럽게 요리를 준비하는 것처럼 평소에 이러한 준비를 철저하게 해둔다면 레시피대로 즉석에서 조리 있게 말할 수 있을 것이다.

〔흐름을 잡아주는 브리지 멘트〕
- 이어서 살펴볼 것은
- 다음으로 생각해봐야 할 것은
- 한 가지 더 설명을 드리자면

〔핵심을 강조하는 브리지 멘트〕
- 꼭 기억해두셔야 할 것은
- 오늘 확실히 알고 가야 할 것은
- 여기서 가장 중요한 점은
- 우리가 주의해야 할 점은
- 제가 말씀드렸듯이
- 제가 강조했듯이

〔결론을 짓는 브리지 멘트〕
- 결과적으로
- 결국에는
- 지금까지 이야기한 것을 정리해보면
- 마지막으로 결론을 말씀드리면

하고 싶은 말은
한 문장으로

● 핵심 메시지는 '종착지'이다

말하기에 어려움을 느끼는 분들은 남들 앞에서 말할 때 떨거나 긴장하는 것에 대해 고민하는 경우가 가장 많다. 하지만 떨지 않고 자신 있게 말하는 분들은 오히려 말이 장황해서 문제가 되는 경우가 많다. 아는 게 많고 말해주고 싶은 게 많다 보니 오히려 주어진 시간을 훌쩍 넘기고 듣는 사람을 지치게 한다.

이런 경우에는 오히려 말의 내용을 가지치기하며 다듬는 작업을 많이 해야 한다. 그리고 자신의 말의 종착지와도 같은 핵심 메시지를 늘 염두에 두고 있어야 한다. 말이 장황해지거나 삼천포로 빠지지 않으려면 머릿속에 늘 이 생각을 떠올려야 한다. '내가 지금 말하고자 하는 핵심이 뭐지?'

우리가 말을 구조화해서 레시피와 공식대로 말을 조리 있게 하지만 결국 그것은 핵심 메시지를 청중에게 전하기 위한 과정일 뿐이다. 그러므로 말을 시작할 때부터 끝낼 때까지 핵심 메시지를 가장 중요하게 생각해야 한다. 자신이 하고 싶은 말을 한 문장으로 만들어놓아야 한다.

이와 관련한 일화가 있다. 미국 브로드웨이의 유명한 연극 제작자인 데이비드 마멧의 이야기다. 그는 극작가들이 본인의 작품을 제작해달라고 찾아올 때마다 그들의 명함 뒷면에 본인의 작품에 대해서 몇 마디 써달라고 요청한다고 한다. 그가 왜 그런 요청을 하는지 짐작이 되는가? 극작가가 자신의 작품에 대해 몇 마디로 설명할 수 있다면 자신의 작품에 대해 잘 알고 있는 것이고, 따라서 제작을 논의할 만하다고 판단한 것이다. 이처럼 1분이든 5분이든 1시간이든 말하고자 하는 핵심을 전달하는 것이 말하기의 목적이므로 핵심 메시지가 중요하다.

나의 경우 '소통'을 주제로 기업 강의를 할 때 '소통은 해결이 아니라 연결이다'라는 핵심 메시지를 던진다. 회사에 어떤 갈등이나 문제가 있을 때 구성원 중 한 사람이 해결사로 나서서 모든 것을 해결할 수 있는 것이 아니다. 조직은 협업이 중요하다. 그렇기에 문제를 '해결'하기 이전에 구성원들이 각자 다른 관점에서 나오는 서로의 이야기를 경청하고 수용하면서 서로 간에 마음으로 '연결'되어야 한다는 것을 강조한다.

● 나에게 단 10초가 주어진다면

말하고자 하는 주제가 정해진 상태라면 가장 먼저 핵심 메시지를 만들어야 한다. 만약 주제가 '행복'이라면 핵심 메시지는 '행복은 강도가 아니라 빈도다'라고 만들 수 있다. 또는 주제가 '배움'이라면 사자성어를 인용해서 '학이시습(學而時習), 배웠으면 그것을 때때로 되새겨야 한다'라고 핵심 메시지를 만들 수도 있다.

핵심 메시지를 만드는 일은 에스프레소 커피를 내리는 것과 같다. 내가 하고자 하는 말을 단 한 문장으로 임팩트 있게 추출하는 과정이다. 짧지만 많은 아이디어가 필요하고, 무엇보다 주제와 연관 지어서 계속 자신에게 질문을 던져야 한다. '내가 정말 하고 싶은 말이 뭐지?' '말하고자 하는 핵심이 무엇이지?' '나에게 단 10초만 주어진다면 어떤 한 문장을 남기고 싶지?' 이렇게 생각에 생각을 거듭해야만 매력적인 핵심 메시지를 도출할 수 있다.

　여러 가지 주제를 정해 그 주제를 가지고 한 문장으로 핵심 메시지를 만드는 연습을 해보자.

주제	핵심 메시지

- 이따금 인간을 찬미하는 것보다 늘 인간을 존중하는 것이 훨씬 더 가치가 있다.

  – 장 자크 루소

- 혼자 있어야 하는 것은 가장 힘든 것이고, 혼자 있을 수 있다는 것은 가장 아름다운 것이다.

  – 한스 크라일스하이머

- 미래보다 과거에서 더 큰 기쁨을 느낀다면 늙는다는 신호다.

  – 존 크리텔

- 누구나 20살에는 신이 준 얼굴을 가지고 있고, 40살에는 인생이 준 얼굴을 가지고 있으며, 60살에는 자기가 거둔 얼굴을 가지고 있다.

  – 알버트 슈바이쳐

- 인생의 근본 문제는 올바른 선택을 하는 데 있다.

  – 조지 무어

- 다른 사람의 눈으로 볼 때만 자신의 실수를 잘 볼 수 있다.

  – 중국 격언

- 축제가 없는 인생은 여관이 없는 기나긴 여행과 같다.

  – 데모크리트

- 자유는 인생의 숨결이다.

  – 알프레드 델프

- 새벽 4시에 전화할 수 있는 친구가 진정한 친구다.

  – 마를렌 디트리히

체계적으로 말하면
내용이 꽂힌다

• 우정이란 두 사람의 몸속에 깃들여 있는 하나의 영혼이다.

                                    – 아리스토텔레스

• 우리가 고통을 참을 수 없다고 말하지만, 정말로 고통에 직면했을 때는 그 고통을 이겨낸다.

                                    – 닝 라오 타이 타이

• 한 사람을 사랑한다는 것은 그와 함께 늙고 싶다고 동의하는 것이다.

                                    – 알베르 카뮈

핵심을 전후에 배치하라

●   'PREP(프렙)' 공식

인류 최고의 전달 기술을 밝혀낸 교수가 있다. 1980년 초 남 캘리포니아대학교의 스파크스 박사는 전달력이 강한 글들이 가지는 원칙을 찾아냈다.

   그는 아리스토텔레스부터 현대 작가들까지 총망라한 고전 인 『Great Books』 시리즈 60권에서 소설을 제외하고 '효과 적인 의사전달'을 잘하는 작품을 분석했다. 그 결과 이들 작 품에는 공통점이 있다는 것을 발견했다. 먼저 핵심을 앞세운 다음에 세부 내용으로 뒷받침하는 구조를 갖췄다는 점이다.

일명 'PREP(프렙)'이라고 불리는 인류 최고의 전달 기술이다. 이는 **P**oint-**R**eason-**E**xample-**P**oint의 머리글자를 딴 글쓰기 공식으로, 핵심이 먼저 나오고 이유와 사례를 근거로 뒷받침한 뒤, 다시 핵심으로 마무리하는 방식이다. 가장 중요한 핵심은 처음과 끝에 배치해 강조한다.

하버드 글쓰기 공식으로 유명한 'OREO(오레오)'도 마찬가지다. 앞 글자가 살짝 변형되었을 뿐 **O**(Opinion)-**R**(Reason)-**E**(Example/Evidence)-**O**(Opinion/Offer) 형식의 이야기 맥락은 동일하다. 그만큼 많은 사람에게 설득력 있는 구조임이 틀림없다.

말도 이와 같은 공식을 따른다. 이 PREP 공식은 그리스 철학자 아리스토텔레스가 정립한 수사학의 대표적인 기법이자, 영국의 수상 윈스턴 처칠도 연설에서 애용했던 것으로 알려져 있다. 이와 같이 무언가를 설명하거나 의견을 개진할 때 이 공식을 이용하면 언제든지 핵심을 정확하게 전달할 수 있다.

실제로 내가 기업과 대학에서 십수 년간 말하기 특강을 해오면서 만난 수많은 직장인이 처음에는 상사로부터 "그래서 결론이 뭔가요?" "말의 핵심이 뭐예요?"라는 소리를 심심찮

게 들어왔다고 고백했다. 이들은 PREP 공식을 알고 난 후에는 횡설수설하며 말하는 경우가 줄었고, 간단한 공식만으로 자신이 하고자 하는 말의 핵심을 제대로 전달할 수 있게 되었다며 기뻐했다.

이는 모두에게 해당하는 이야기다. 앞서 소개한 AMD 레시피가 3단 구성인 반면, PREP과 OREO는 4단 구성이다. 누구나 이 공식을 따르면 어렵고 복잡한 이야기도 깔끔하게 정리해 말할 수 있다.

✔ PREP(프렙) 공식

- **Point – 핵심**
- **Reason – 이유**
- **Example – 사례**
- **Point – 핵심**

그렇다면 PREP 공식에 맞춰 순서대로 말해보자. 각 요소에 해당하는 내용을 순서대로만 말하면 된다. 전혀 어렵지 않다.

첫 번째는 핵심^{Point}이다. 하고 싶은 말, 요점, 결론, 주장 등을 처음에 이야기한다. 두 번째는 이유^{Reason}다. 핵심을 뒷받침하는 근거로 이유를 댄다. "그 이유는 ~~입니다." 또는 "왜냐하면 ~~하기 때문입니다"라고 말한다. 세 번째는 사례^{Example}다. 앞서 말한 이유를 증명하기 위해 구체적인 예시나 실제 사례를 제시한다. 이때 "예를 들면~" 또는 "이를테면" "일례로~"라고 말을 시작하는 것이 좋다. 마지막 네 번째는 핵심^{Point}이다. 맨 처음 언급한 핵심을 다시 한번 강조한다.

만약 신제품 프로모션 행사와 관련해 내부적으로 회의하는 상황을 가정한다면 어떻게 말할 수 있을까? PREP 공식을 적용해 이렇게 말해보자.

"신제품 프로모션 행사를 다음 달에 온라인으로 진행할 예정입니다(P). 왜냐하면 이번 신제품 주 타깃인 MZ세대는 새로운 정보 습득과 상품 구매를 주로 온라인에서 하기 때문인데요(R). 예를 들면 ○○채널에서 숏폼 형식의 바이럴을 하면 화제성을 높일 수 있을 겁니다(E). 그래서 이번 신제품 프로모션 행사는 통상적으로 업계에서 해오던 방식이 아니라 온라인으로 처음 시도해보려고 합니다(P)."

공식(公式)은 어떠한 문제를 쉽게 풀기 위해 만든 식으로, 보통 수학이나 과학, 경제학에서 사용한다. 말할 때도 이러한 공식을 이용하면 핵심을 전달하는 것이 훨씬 수월하다.

최근에 공무원 역량평가를 대비해 코칭을 받은 공직자 분도 PREP 공식을 이용한 말하기 연습으로 당당히 합격을 이뤄냈다. 이전에 한 번 탈락했던 경험이 있던 분이었다. 정부 부처나 산하기관, 타 부서와 협업하고 설득해야 하는 상황에서 조직을 대표해 주장을 펼치고 회의를 이끌어가야 하는데 중언부언하는 말 습관이 발목을 잡은 것이다. 코칭을 통해서 말을 구조화하고 논리정연하게 말하니 곧바로 결과가 달라졌다. 지금 당장 PREP 공식으로 자신의 말 습관을 바꿔보자. 원하는 목표와 꿈을 빠르게 달성할 수 있다. 누구나 가능한 일이다.

P (Point)	핵심	신제품 프로모션 행사를 다음 달에 온라인으로 진행할 예정입니다.
R (Reason)	이유	왜냐하면 이번 신제품 주 타깃인 MZ세대는 새로운 정보 습득과 상품 구매를 주로 온라인에서 하기 때문인데요.
E (Example)	사례	예를 들면 ○○채널에서 숏폼 형식의 바이럴을 하면 화제성을 높일 수 있을 겁니다.
P (Point)	핵심	그래서 이번 신제품 프로모션 행사는 통상적으로 업계에서 해오던 방식이 아니라 온라인으로 처음 시도해보려고 합니다.

P (Point)	핵심	술을 즐기는 건 좋지만 음주운전은 절대 하지 마십시오.
R (Reason)	이유	그 이유는 첫 번째는 자기 몸이 다칠 수 있고, 심하면 생명을 잃을 수 있기 때문입니다. 두 번째는 음주운전을 하다가 사고로 이어지게 되면 자신뿐만 아니라 또 다른 피해자를 양산하기 때문입니다. 세 번째는 이러한 사건이 자주 발생하면 다른 사람들도 보고 따라 할 수 있기에 한 잔 정도는 괜찮다는 인식을 심어줄 수 있기 때문입니다. 네 번째는 이런 사건이 많아지면 법질서가 무너지기 때문입니다. 그래서 처벌이 강화될 수밖에 없습니다.
E (Example)	사례	일례로, 제가 야간근무 때 도로 한복판의 차 안에서 운전자가 자고 있다는 신고를 받았습니다. 현장에 나갔더니 운전자가 술에 취해서 기어를 드라이브로 해놓고 자기도 모르게 잠들었더라고요. 차가 앞으로 나갈 수도 있는 위험천만한 상황이었습니다. 뒤차는 이런 상황을 모르기 때문에 더 큰 사고로 이어질 수도 있었습니다.
P (Point)	핵심	음주운전은 도로 위의 살인자입니다. 절대 하지 마시기 바랍니다.

P (Point)	핵심	
R (Reason)	이유	
E (Example)	사례	
P (Point)	핵심	

우리는 누군가 말을 잘한다고 하면 당당한 태도로 막힘없이 술술 이야기하는 모습을 가장 먼저 떠올린다. 그러나 '말을 잘하는 것' 이상으로 '잘 말해야' 한다. 이것은 말하고자 하는 핵심을 정확하게 전달하는 것을 의미한다. 즉 상대에게 내용이 꽂혀야 한다.

이제부터 핵심을 전후에 배치하는 PREP 공식을 활용해 말해보라. 그러다 보면 어느새 '잘 말하는 사람'으로 거듭나 있을 것이다.

즉흥적인 말하기는
3시제를 활용하라

소감 한마디, 이제 어렵지 않다

요즘 들어 말을 잘하고 싶어 하는 분들이 이전에 비해 폭발적으로 증가했음을 실감한다. 다양한 SNS 플랫폼의 출연과 라이브커머스, 1인 미디어의 발달로 자기 자신을 표현할 수 있는 채널과 기회가 많아졌기 때문인 듯하다. 하지만 말을 잘하고 싶다는 분들에게 말을 잘한다는 의미가 무엇인지 질문하면 각기 다른 대답을 내놓는다. 사람마다 '말을 잘한다는 것'에 대한 개념과 기준치가 다르기 때문이다.

사실 각자의 그 대답은 자신의 말에 대해 스스로가 느끼는 부족한 점이며, 앞으로 어느 정도 수준으로 말을 잘했으면 좋겠다는 개인의 바람과 기대치가 반영된 것이다. 그래서 말을 잘하고 싶다면 먼저 자신이 어느 수준으로 말을 잘하고 싶은지 각자 목표를 정하는 것이 좋다.

그러면 갑자기 즉흥적으로 한마디 해야 한다거나 미리 준비되지 않은 상황에서 짧게 자기 생각을 말해야 하는 경우, 어떻게 하면 당황하지 않고 조리 있게 말할 수 있을까? 여기에서는 그러한 경우에 사용할 수 있는 레시피를 하나 소개하겠다.

짧은 시간 내에 즉흥적으로 말하는 것은 미리 준비된 말을 하는 것보다 훨씬 더 어렵다. 하지만 백종원의 만능양념장처럼 이 레시피를 활용하면 그런 상황을 여유 있게 넘길 수 있다. 요리 초보자가 레시피를 보고 따라 하면 어느 정도의 맛은 낼 수 있듯이 이 레시피가 여러분의 말하기를 조금 더 쉽게 만들어줄 것이다.

방법은 간단하다. 즉흥적으로 말해야 할 때 과거-현재-미래의 3시제를 활용해서 이야기를 구성하면 된다. '과현미'라고 쉽게 이름을 붙여보았다. 이야기를 구성할 때 다양한 공식이 있지만 가장 이해하기 쉽고 적용하기 쉬운 방법이다. 예를 들면 독서나 영화, 운동 등 취미 모임에 나갔다고 가정해보자. 모임이 끝날 무렵 갑자기 당신에게 "오늘 처음 오셨는데 어떠셨어요?"라고 모임장이 물어본다면 아래와 같이 '과현미' 공식으로 대답해보는 것이다.

[과거]
사실 제가 낯을 좀 가리는 성격이라서 모임에 오기 전까지도 갈까 말까 굉장히 고민을 많이 했어요.

[현재]
그런데 오늘 여기에 잘 왔다는 생각이 들었습니다. 처음에 모임장이 먼저 반갑게 인사해주셔서 긴장이 좀 풀렸고, 다른 분들하고 다 같이 책을 읽고 느낀 점을 나누니까 제가 생각하지 못했던 부분들까지 더 알게 돼서 도움이 됐어요.

[미래]
앞으로도 빠지지 않고 계속 열심히 모임에 나오도록 하겠습니다.

생각보다 아주 쉽고 간단하다. 아마 비슷한 상황이 온다면 '과현미' 공식으로 당황하지 않고 상황을 잘 넘길 수 있을 것이다. 사전에 준비할 시간이 충분할 때는 누구나 말을 잘할 수 있다. 하지만 즉흥적인 상황에서는 당황하거나 횡설수설하지 않고 끝까지 말을 이어가기만 해도 충분히 좋은 말하기가 된다.

나에게 CEO 코칭을 받으셨던 한 임원의 사례를 잠시 소개하겠다. 그 임원은 "어떤 행사에서 축사나 격려사를 하고 오는 건 미리 작성된 시나리오가 있어서 그래도 괜찮은데, 비즈니스 사교모임은 갈 때마다 어떻게 말해야 할지 늘 고민입니다"라고 하셨다. 골프나 클래식, 경영자 모임 등에서 간단히 자기소개하는 것부터 식사 자리에서 나누는 짧은 대화까지 매번 말하는 게 쉽지 않다고 털어놓으셨다. 그때 나는 '과현미' 공식을 알려드렸고, 여러 상황에 대입해서 실전연습도 해보았다. 그 후 그분은 이 공식을 실제로 아주 유용하게 잘 활용하고 있다고 연락을 주셨다. 골프 모임에서는 다음과 같이 이야기를 하셨다고 한다.

[과거]

제가 사업을 좀 확장하느라 일이 바빠져서 한동안 라운딩에 나오지 못했습니다.

그런데 ○○ 대표님을 통해서 이 모임을 알게 됐는데요.

[현재]

이렇게 대단한 분들과 라운딩을 할 수 있어서 영광이었습니다.

모처럼 나오니까 머리도 식히고 좋네요.

[미래]

다음에는 집사람도 데리고 오겠습니다.

앞으로 여기 계신 분들과 사업적으로도 더 좋은 관계를 유지하면서 서로 도움이 됐으면 좋겠습니다.

● **'말.잇.못'이 되진 말자**

오디션이나 시상식의 수상 소감도 대표적인 즉흥적 말하기이다. 물론 수상을 예상하고 미리 소감을 준비해오기도 하지만,

전혀 예상치 못한 수상에 감격해 울먹이며 말을 잇지 못하는 이들도 많다. 그래서 정말 하고 싶었던 말을 하지 못하거나 고마웠던 사람을 언급하지 못해 뒤늦게 아쉬워하기도 한다. 이럴 때 잠시 감정을 추스르고 '과현미' 공식으로 말을 한다면 멋진 소감 발표를 할 수 있다.

몇 년 전 인기리에 방영된 JTBC 〈팬텀싱어3〉의 결승에서 한 참가자가 마치 '과현미' 공식을 알고 있기라도 한 듯, 멋진 소감을 선보였다. 수상 소감 ❶을 참고해보자.

그리고 시간적 여유가 있어서 조금 더 길게 말해도 되는 상황이라면 배우 오정세의 수상 소감을 참고하면 좋다. 수상 소감 ❷에서 보듯 드라마 〈동백꽃 필 무렵〉으로 2020년 백상예술대상 TV 부문 남자 조연상을 받은 오정세는 무명이던 과거 시절부터 수상을 한 현재, 그리고 희망적인 메시지를 담은 미래의 이야기로 많은 사람에게 큰 감동을 선사했다. 3분 남짓한 짧은 시간에 사람들의 마음에 깊은 울림을 줄 수 있었던 건 역시 진정성 있는 말의 힘이었다.

수상 소감 ❶

[과거]

사실 매번 불안했습니다.

이런 오디션 무대에서 한 번도 국악이 결승까지 올라온 적이
없어서 항상 불안했는데요.

[현재]

지금 너무 기쁘고 감격스럽습니다.

[미래]

이렇게 된 이상, 앞으로 국악의 가능성과 저력을 더 보여드리
도록 하겠습니다.

수상 소감 ❷

[과거]

드라마, 영화, 연극, 단편, 독립영화 등 매 작품 참여할 때마다
제 개인적으로는 작은 배움의 성장이 있었던 것 같아요.

체계적으로 말하면
내용이 꽂힌다

어떤 작품은 스스로 반성하게 되고, 어떤 작품은 위로받기도 하고, 또 어떤 작품은 작은 깨달음을 얻기도 하고, 그 깨달음을 같이 공유하고 싶기도 하고 그랬습니다.

[현재]

지금까지 한 100편 넘게 작업을 해왔는데요. 어떤 작품은 성공하기도 하고, 어떤 작품은 심하게 망하기도 하고, 또 어쩌다 보니까 이렇게 좋은 상까지 받는 작품도 있었는데요. 그 100편 다 결과가 다르다는 건 좀 신기한 것 같았습니다.

제 개인적으로는 그 100편 다 똑같은 마음으로 똑같이 열심히 했거든요. 돌이켜 생각해보면 제가 잘해서 결과가 좋은 것도 아니고, 제가 못해서 망한 것도 아니라는 생각이 들더라고요.

세상에는 열심히 사는 보통 사람들이 참 많은 것 같습니다. 그런 분들을 보면 세상은 좀 불공평하다는 생각이 듭니다. 꿋꿋이 그리고 또 열심히 자기 일을 하는 많은 분들에게 똑같은 결과가 주어지는 건 또 아니라는 생각이 들어서 좀 불공평하다는 생각이 드는데, 그럼에도 불구하고 실망하거나 지

치지 마시고, 포기하지 마시고 여러분이 무엇을 하든 그 일을
계속하셨으면 좋겠습니다.

[미래]
자책하지 마십시오. 여러분 탓이 아닙니다. 그냥 계속하다 보
면 평소와 똑같이 했는데 그동안 받지 못했던 위로와 보상이
여러분을 찾아오게 될 것입니다.
저에게는 동백이가 그랬습니다. 여러분도 모두 곧 반드시 여
러분만의 동백을 만날 수 있을 거라고 믿습니다.
힘든데 세상이 몰라준다고 느낄 때, 속으로 생각했으면 좋겠
습니다. 곧 나만의 동백을 만날 수 있을 거라고요.
여러분의 동백꽃이 곧 활짝 피기를 저 배우 오정세도 응원하
겠습니다.
감사합니다.

　'과현미' 공식 하나만으로도 만능양념장처럼 꽤 든든하고
유용하다. 미리 준비되지 않은 상황에서 갑자기 말을 해야 한
다면, 이제는 당황하지 말고 '과현미' 공식을 떠올리자.

CHAPTER 4

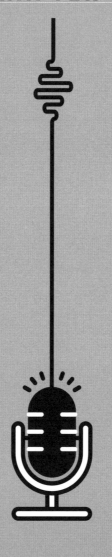

언어

다르게 말하면
쉽게 이해한다

"화술에 능한 사람은 상대의 의향을 살피면서 말을 한다."

– 발타자르 그라시안

어려운 말을
쉽게 하는 방법

"하수는 쉬운 얘기를 어렵게 하고, 중수는 어려운 얘기를 어렵게 하고, 고수는 어려운 얘기도 쉽게 한다"라는 말이 있다. 말을 잘하는 사람은 청중이 이해할 수 있도록 쉽게 말하는 공통점을 가지고 있다. 이들은 말하는 사람이 '발신'하는 메시지가 듣는 사람에게 '수신'되었을 때 비로소 말이 완성된다는 것을 잘 알고 있다.

하수, 중수, 고수의 차이는 얼마나 알고 있느냐 하는 '지식의 양'이 아니라 알고 있는 것을 어떻게 전달하느냐 하는 '전달 방식'의 차이일 뿐이다. 결국 말을 잘한다는 것은 내가 아는 지식이나 경험을 '나 중심'으로 쏟아내는 것이 아니라 상대가 잘 이해하고 받아들일 수 있도록 '상대 중심'으로 소통하는 일이다. 그래서 상대의 입장에서 쉽게 말하는 훈련이 필요하다.

예를 들어 전문직에 종사하시는 분들 중에 대외적으로 강의하시는 분들이 있다. 그분들은 외부에서 초청받아 일반인을 대상으로 강의하기도 하고, 불특정 다수의 시청자가 보는 TV 방송 프로그램에 출연해 자신의 전문지식을 설명해주기도 한다.

방송 출연을 앞둔 의사 한 분이 있었다. 이분은 풍부한 의학 지식을 갖추고 임상 경험이 많으셨는데, 테스트를 해보니 마치 강단에서 전공자들을 가르치듯 말을 너무 어렵게 하셨다. 나는 곧바로 일반 시청자나 건강에 관심이 많은 나이 드신 분들이 이해하기 쉽도록 화법에 변화를 주게 했다. 그러자 본인도 말하는 게 훨씬 편해졌다며 방송 출연에 대한 부담을 덜었다고 했다.

전문 직종의 경우, 동종업계 사람들 앞에서 말할 때는 전문 용어나 업계에서 쓰는 말을 그대로 사용해도 괜찮다. 그들에게 통용되는 언어이기 때문에 오히려 더 편할 때도 많다. 그러나 일반인을 대상으로 말할 때는 일반인들이 배경지식이 없기 때문에 이해하기 쉽게 설명해줘야 한다. 사람들은 어렵게 이야기하는 것을 좋아하지 않는다. 전문용어를 많이 쓰거나 외래어를 남발하거나 말을 복잡하게 하면 금방 지루해하고 집중력이 떨어진다. 그래서 전 연령이 시청하는 방송 프로그램 진행자는 초등학생이 알아들을 수 있을 정도의 수준으로 말을 쉽게 한다.

미국에서 말 잘하는 스타로 손꼽히는 영화배우 덴젤 워싱턴은 상대와 대화할 때 "미안하지만, 제가 여덟 살 아이라고 생각하고 말해주십시오"라며 부탁하는 습관이 있다고 한다. 그 이유는 자신은 무엇이건 다 알고 있다는 자만과 설령 몰라도 체면 때문에 묻지 못하는 부끄러움을 깨뜨리기 위해서라고 한다.

이와 비슷한 경험을 누구나 겪어봤을 것이다. 복잡하고 어렵게 말하는 사람에게 "제가 이해가 안 되는데요. 더 쉽게 설명해주실 수 있나요?"라고 부탁하기 보다는 알아듣지 못하는 자신이 창피해서 침묵하고 잠자코 듣기만 했던 일 말이다. 상대는 자신을 과시하기 위해 오히려 어렵게 말한 것은 아닌지, 나 또한 그러하지는 않았는지 우리 모두 돌아봐야 할 대목이다.

다르게 말하면
쉽게 이해한다

어려운 이야기일수록 상대에게 더 쉽게 설명해주어야 한다. 아인슈타인도 "여러분이 알고 있는 것을 여러분의 할머니가 이해하실 수 있도록 설명하지 못한다면 그것을 진정으로 알고 있는 것이 아닙니다"라며 쉽게 말하는 것의 중요성을 강조했다.

조금 다르게 표현하고 쉽게 설명할 수 있는 다양한 언어기법이 있다. 지금부터의 내용은 말 잘하는 사람들이 공통적으로 사용하는 대표적인 언어기법들이니 많이 활용해보면 좋겠다.

숫자로 말하면
직관적이다

말 잘하는 사람들은 말할 때 숫자를 잘 사용한다. 숫자는 한 번 들으면 곧바로 이해되기 때문이다. 머릿속에서 두 번, 세 번 생각할 필요가 없다. 즉 직관적인 언어다.

만약 상사가 "지금 진행 중인 프로젝트는 어느 정도나 됐습니까?"라고 물을 때 직원이 "네, 거의 다 끝나갑니다"라고 대답한다면 이 대답은 사람마다 다르게 해석될 여지가 있다. '거의'라는 기준이 사람마다 다르기 때문이다. 직원은 '30% 정도만 마무리하면 되니까 이제 거의 끝나가네'라고 생각해 말한 건데, 상사는 '음, 90%는 끝났겠군'이라고 생각할 수 있다.

인터넷 포털에 '상당수의 기준'이라는 제목의 게시글이 올라온 적이 있다. "몇 퍼센트부터 몇 퍼센트까지가 상당수인가요? 40%는 상당수인가요?"

이 게시글에 달린 댓글들은 이렇다. "65~80%까지가 상당수겠죠." "상당수라면 최소한 70% 이상이어야 할 것 같은데요." 사람들은 이렇게 자기만의 생각과 기준을 가지고 판단한다. 우리가 숫자로 정확하게 말해야 하는 이유이다.

숫자로 말해야 서로 다른 해석과 오해가 생기지 않는다. 통상적으로도 숫자가 객관적이기 때문에 사람들이 더 신뢰하는 경향이 있다.

매일 아침 업무 메일들을 확인하다 보면 누가 일 잘하고 말 잘하는 사람인지 메일에서도 엿보인다. 어느 날 한 대기업 HRD(인적자원개발) 담당자가 특강을 의뢰하는 메일을 보내왔다. 정확한 날짜와 시간, 특강 주제 및 세부 내용이 일목요연하게 정리돼 있었다. 특히 특강 일정이 이미 확정된 것에 대해 양해를 구하는 말을 건네며 출강 가능 여부를 물었다. 마지막으로 구체적인 기한을 언급하며 언제까지 회신을 부탁드린다는 말을 남겼다. 그야말로 명쾌했다.

보통은 처음 메일을 받을 때 의문이 남는 경우가 많다. 위의 사례처럼 특강 날짜가 확정되면 좋겠지만, 미정인 단계에서 연사 섭외 연락이 오는 경우가 있다. 이럴 때 특강 날짜가 미정인 것을 전제로 한 구체적인 정보를 말해주면 그것을 감안해서 확답 또는 그에 상응하는 답변을 해줄 수 있다. 하지만 안타깝게도 아무리 내용을 읽어봐도 의문투성이인 메일은 답답함을 느끼게 하고, 어떻게 회신을 해야할지 난처하다. '특강 일정이 미정이면 언제 확정되는 거지?' '내가 가능한 날짜에 진행할 수 있다는 건가?' '언제까지 자료를 보내달라는 거지?' 궁금증을 해소하기 위한 후속 메일이 여러 번 더 오가야 하곤 한다. 커뮤니케이션에서 애매모호함은 서로에게 소모적이다. 그래서 구체적인 표현, 특히 숫자로 말하면 훨씬 명료하고 쉽게 이해된다.

글로벌 온라인 여행서비스 기업 '트립닷컴' 그룹의 제인 순 대표가 '2024 글로벌 파트너 콘퍼런스'에서 했던 스피치에도 정확한 숫자가 자주 언급되었다.

"세계 아웃바운드 여행시장은 운항능력 기준으로 약 70% 회복되었습니다. 연말을 기준으로 했을 때 시장이 80% 정도 회복될 것을 기대하지만, 트립닷컴은 그 숫자를 훨씬 초과할 것으로 기대됩니다. 시장 회복에는 비자제한과 항공 수용력이라는 두 가지 주요 장애물이 있습니다. 중국에서 당장 독

거의	90%까지 진행됐습니다.
조금	재고가 1/3 남았습니다.
이따가	오늘 오후 3시까지 전달하겠습니다.
많이	예년의 120% 수준인 80점에 근접했습니다.
상당수	주민의 85%가 이 대책의 폐기를 요구합니다.
순서 언급 없이	첫째, 둘째, 셋째 첫 번째, 두 번째, 세 번째
(언제)쯤	정확한 연월일시

일 비자를 신청해도 10월 1일까지 줄을 잇는 상황입니다. 절차가 매우 느립니다. 미국도 마찬가지입니다. 그리고 항공 수용력은 미국은 40%, 유럽은 60~70% 등 상대적으로 느리게 회복되는 지역이 있습니다.”

그녀는 이렇게 숫자를 적극 활용해 현재 여행업계의 상황과 전망에 대해 말했다. '거의, 조금, 빨리, 많이, 좀 더, 이따가, -쯤, 상당수, 약간' 등의 말들이 대표적으로 두루뭉술하고 모호한 표현들이다. 듣는 사람마다 다르게 해석할 수 있고, 불필요한 오해를 불러일으킬 수 있으니 이제는 숫자로 바꾸어 구체적이고 명확하게 말해보자. 일상의 커뮤니케이션은 물론이고 비즈니스나 공적인 자리에서는 더욱 객관적인 판단 기준을 가지고 말해야 한다. 숫자로 말하는 사람은 자신이 말하는 내용과 분야에 정통하고 논리적인 사고를 하는 사람으로 신뢰를 얻게 될 것이다.

단, 숫자를 너무 남발해서는 안 된다. 지나치게 많은 숫자를 사용하면 사람들은 어렵고 복잡하다고 느낀다. 일일이 다 기억하지도 못한다. 그러니 사람들의 머릿속에 선명하게 기억시키고 싶은 핵심 내용을 강조하거나 중요한 내용을 정확하게 전달할 때 활용하는 것이 좋다.

아는 것으로
빗대어 말하라

중국 춘추전국시대의 위(魏)나라에서 있었던 일이다. 어떤 신하가 양왕(襄王)에게 말했다.

"혜자(惠子)는 어떤 일을 설명하면서 비유를 잘 듭니다. 만약 왕께서 그에게 비유를 들지 말라고 하면 그는 말을 제대로 하지 못할 것입니다."

왕이 다음 날 혜자를 불러 말했다.

"선생께서는 있는 그대로 말하고 비유를 들지 마시오."

그러자 혜자가 말했다.

"지금 여기에 탄(彈, 중국의 악기 이름)이 무엇인지 모르는 사람이 있다고 하겠습니다. 그에게 '탄의 모양은 탄과 같이 생겼습니다'라고 한다면 그가 알아들을까요?"

왕이 대답했다.

"당연히 못 알아듣겠지요."

"그러면 '탄은 모양이 활처럼 생겼으며 대나무로 현(弦)을 만들었다'라고 설명하면 알아들을까요?"

왕이 대답했다.

"당연히 알아듣겠지요."

혜자가 설명했다.

"무릇 설명이란 상대가 알고 있는 것을 이용해서 모르는 것을 깨우쳐주는 것입니다. 그래야 그 사람이 잘 알아듣습니다. 그런데 왕께서는 비유를 들지 말라고 하시니 이는 불가능한 일입니다."

쉽게 말하는 언어기법 중 가장 효과적인 것이 '비유법'이다. 청중이 아는 것에 빗대어 말하기 때문에 금방 와닿는 것이다. 그리고 생생한 표현 덕분에 청중은 듣는 재미가 있고, 훨씬 더 기억에 남는다.

나 역시 강의를 할 때 항상 비유를 들어 설명한다. 예를 들면, 소통을 잘 하기 위해서는 거리두기가 필요하다고 강조하며 모두가 아는 '운전'에 빗대어 말한다.

"여러분, 교통사고가 왜 나는지 아십니까? 다양한 이유가 있는데 그중에 '차간거리' 때문인 경우가 있습니다. 제가 20 대 때 교통방송을 진행할 당시에 차간거리를 지키지 않아서 발생한 접촉사고 소식이 매달 있었습니다. 모든 운전자는 필기와 실기 시험을 통과한 운전면허자격이 있는 사람들이잖아요. 사고가 나는 것은 운전실력이 부족해서가 아닙니다. 운전경력의 차이가 있을 뿐, 차간거리를 지키지 않으면 앞 차를 들이박고 사고가 납니다. 인간관계에서도 너무 가까이 다가가면 선을 넘어서 실수를 하고 무례를 범하게 됩니다. 가족이라면 사사건건 다 개입해서 잔소리를 하게 되고요. 차간거리를 유지하듯이 소통할 때도 적당한 거리를 유지하는 것이 중요합니다. 그러면 예의를 갖추고 서로 존중하면서 소통할 수 있습니다."

운전을 해본 사람도, 운전을 못하지만 다른 사람의 차를 타본 사람도 모두 이 말에 공감한다. 그리고 운전할 때나 도로 위의 차들을 볼 때 이 이야기가 떠오를 것이다. 누군가와 소통하는 상황에서도 '차간거리=거리두기'가 연상되며 조금 더 조심하게 된다.

이처럼 상대가 아는 것으로 빗대어 말하는 비유의 힘은 매우 강력하다. 비유법에는 대표적으로 직유법, 은유법, 의인법, 활유법 등이 있다.

직유법은 원관념과 보조관념을 직접적으로 연결해 표현하는 것으로, '마치' '흡사' '같이' '처럼' '듯' 등의 연결어를 사용한다. 은유법은 원관념과 보조관념을 간접적으로 연결해 표현하는 것으로, 'A는 B다'라는 형태로 표현된다. 의인법은 사람이 아닌 동식물이나 무생물, 개념을 사람처럼 표현하는 것이며, 활유법은 생명이 없는 것을 생명이 있는 것처럼 표현하는 것이다.

• 직유법

황금 같은 시간, 구름에 달 가듯이 가는 나그네, 돌담에 속삭이는 햇살같이

• 은유법

내 마음은 호수요, 이것은 소리 없는 아우성, 사람은 생각하는 갈대

• 의인법

꽃이 웃는다, 강물은 말없이 흐른다, 새들이 아름답게 노래한다, 나무가 손을 저어 나를 환영한다

• 활유법

나를 에워싸는 산, 잠을 자는 바다, 으르렁거리는 파도, 바위가 꿈틀댄다

이러한 비유법을 매우 효과적으로 사용해 큰 호응을 받은 사람이 있다. 카이스트의 김대식 교수다. 챗GPT에 대한 그의 강연 영상을 본 사람들의 반응은 뜨거웠다.

"어려운 내용을 쉽게 말씀해주셔서 너무 좋았어요.""쉬우면서도 제대로 이해할 수 있도록 잘 설명해주셨네요.""AI 무식자인 제가 들어도 이해가 쏙쏙 되네요""쉽게 이해할 수 있는 강의를 해주셔서 60대의 평범한 할머니가 어디서 아는 체하고 싶네요.""70대인 제가 들어도 이해가 되네요" 등 긍정적인 반응의 댓글이 쏟아졌다. 비유법을 능수능란하게 사용하는 그의 강연 일부 내용을 참고해 앞으로 말의 언어적 표현을 더 다양하고 색다르게 변화시켜보자.

2018년 오픈 AI에서 구글이 개발한 트랜스포머를 사용한 GPT라는 방법을 제안합니다.

사실 GPT의 이름을 보면 이게 뭘 하는 녀석인지 알 수 있는데요. GPT는 Generative Pre-trained Transformer입니다. 다시 말해서 Generative 생성을 해주는, Pre-trained 미리 학습된, Transformer 트랜스포머입니다.

그게 무슨 얘기냐면,
디지털 세상에 있는 모든 글을 사전 학습하는데, 딱 한 번만 학습하면 됩니다.
인간 언어, 인간이 만들어낸 모든 문장의 확률적인 지도를 하나 만든 거예요.
수천억 개 단위의 단어와 문장 사이의 확률적인 분포만 계산해서 그 숫자를 가지고 인류가 만들어낸 모든 글의 지도를 하나 그려 놓는 겁니다. 딱 한 번.

우리가 운전할 때도 내비게이션이 있어서 'A에서 B로 간다'고 입력하면 길을 찾아주는 것처럼,
이 녀석은 언어의 내비게이션이라고 생각하시면 됩니다.

비교와 대조로
견주어 말하라

어려운 내용일수록 쉽게 말하는 것이 중요하다는 점을 앞선 사례들을 통해 느꼈을 것이다. 여기에 말 잘하는 사람들이 비유법만큼이나 자주 사용하는 언어기법이 있는데, 바로 '비교와 대조'이다. 쉽게 말해서 비교는 공통점이나 비슷한 점을, 대조는 차이점을 견주어 말하는 방법이다. 대조법은 '인생은 짧고 예술은 길다' '여자는 약하나 어머니는 강하다' 등과 같이 뜻(의미)보다 가락(리듬)을 돋보이게 하는 대구법과 함께 사용되기도 한다. 이러한 언어기법은 명연설가에서 쉽게 찾아볼 수 있는데, 오랜 시간이 흘러도 여전히 전 세계인에게 기억되는 말의 힘은 '비교와 대조'로 뚜렷하게 각인되기 때문이다.

예를 들어, 미국의 전 대통령 로널드 레이건은 연설에서 '~이 아니라 ~입니다'로 대조법을 사용했다. "우리가 만들고 싶은 집은 우리 세대를 위한 것이 아니라 여러분의 세대를 위한 것입니다. (The house we hope to build is not for my generation but for yours.)" 영어로 이 형식은 대조 전반부에 not, 후반부에 but을 배치해 반대되게 하는 표현이다. 다음은 에이브러햄 링컨의 명언이다. 그는 "입을 열어 모든 의혹을 없애는 것보다는 침묵을 지키며 바보로 보이는 것이 더 낫다"라고 상반된 내용을 견주어 말했다. 링컨의 연설에는 이러한 대조법이 자주 등장한다.

링컨의 연설문

"여러분! 검소한 정신을 꺾고서는, 결코 번영을 가져올 수 없습니다.

강한 것을 약하게 함으로써, 약한 것을 강하게 할 수는 없습니다.
강자를 쳐부숨으로써, 약자를 도울 수도 없습니다.
부자를 무너뜨림으로써, 가난한 사람을 도울 수는 없습니다.
급여 주는 사람을 허물어뜨림으로써, 급여생활자를 도울 수는 없는 노릇입니다.

수입 이상으로 낭비함으로써, 자신의 고통을 덜 수는 없습니다.

혐오하는 친구를 자극함으로써, 우애를 증진시킬 수도 없습니다. 다른 사람의 진취적인 기상을 제거함으로써, 자신의 인격과 용기를 내세울 수는 없습니다.

국민이 할 수 있고 또 스스로 해야만 하는 당연한 것을 해주기 위해, 정부가 무거운 세금을 물린다면, 진정으로 국민을 위해 돕는 것이 아니라는 사실을 명심해야 합니다."

나 역시 평소에 내가 강조하고 싶은 핵심 메시지를 대조와 대구를 활용해 표현하는 것을 즐긴다. 나의 첫 번째 저서 『어른의 대화법』에서 반응은 무의식적이고 습관적으로 나타나는 행동, 대응은 의식적으로 선택해서 하는 행동이라고 둘의 차이점을 설명하며 "반응이 아니라 대응해야 한다"라고 강조했고, "나를 위한 말이 아닌 우리를 위한 말을 하자"라는 핵심 메시지를 전했다. 후속작인 『관계를 망치지 않는 대화법』에서는 "말은 걸림돌이 아닌 디딤돌이 되어야 한다"라고 말했다.

오늘날 가장 영향력 있는 세계적인 거장 봉준호 감독 역시 대조를 잘 활용하는 인물이다. 그는 공식 석상에서 수상 소감이나 인터뷰를 할 때 무거움과 가벼움, 어두움과 밝음, 절망과

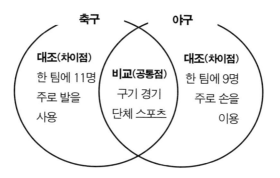

희망, 특별함과 평범함 등을 대조시켜 자신의 생각과 의견을 상대가 알기 쉽고, 기억하기 쉽게 말하는 것으로 유명하다.

우리 주변에서도 비교와 대조를 잘 사용하는 사람이 있다. 바로 쇼핑 호스트와 영업사원, 제품 리뷰 크리에이터이다. 이들은 자신이 소개하는 제품을 이전 모델과 비슷한 점을 비교하기도 하고 차이점을 대조하면서 고객들의 이해를 높인다. 유튜브 '국대폰' 채널의 크리에이터는 "삼성은 뜨거운 관심을 받은 갤럭시 S23에 대한 특별 에디션으로 갤럭시 S23 FE를 출시했습니다. 바로 2년 만에 돌아온 갤럭시 S23 FE입니다. 이 모델은 갤럭시 S23과 비슷한 디자인과 기능을 제공하지만(비교) 더 저렴한 가격으로(대조) 판매되어 갤럭시 팬들에게 접근성을 높여주었죠. 오늘은 갤럭시 S23 기본 모델과 FE

다르게 말하면
쉽게 이해한다

모델의 디자인, 스펙, 색상, 그리고 마지막으로 가격까지 살펴
보려고 합니다"라고 이야기하며 항목별로 조목조목 비교와
대조하며 설명을 이어갔다. 자신이 사용해 본 제품을 이렇게
비교와 대조로 견주어 말하는 연습을 하면 남다른 설명 능력
을 갖출 수 있다.

말은 어렵게 할수록 청중이 여러 번 생각해야 하고, 중요한
메시지 전달에 방해가 된다. 그러면 청중들의 귀와 마음은 굳
게 닫힐 수밖에 없다. 그러니 다양한 언어기법을 잘 활용해
청중들이 편안하게 받아들이고, 쉽게 이해할 수 있도록 도와
야 한다.

그런 의미에서 오건영 신한은행 WM추진부 팀장은 금융
전문가로서의 권위보다는 대중들의 눈높이에서 쉽게 다가가
는 노력이 엿보인다. 다양한 매체에서 경제와 금융에 대한 지
식을 나누고 있는 그의 강연과 인터뷰가 항상 인기 있는 이유
이다. 최근 그가 한 방송에 출연해 경제용어에 대해 쉽게 설
명하는 부분은 비유법은 물론 숫자와 예시를 들어 말하는 것
과 함께 비교와 대조로 견주어 말하는 점이 아주 탁월하다.

진행자: 전체적인 상황에 대해서 얘기를 해주시죠.

오건영: 지금 많이 나오는 얘기 중에 핵심은 결국엔 인플레이션입니다. 인플레이션이 왜 화두가 되느냐? 40년 만의 인플레이션이거든요. 그러니까 사람들이 여태까지 만나지 못했던 괴물을 40년 만에 만나니까 너무 당혹스러운 거죠.

진행자: 지금 이야기에 푹 빠지는데요. 일단 인플레이션부터 설명을 해주세요.

오건영: 인플레이션이요. 저희가 알기로는 물가 상승으로 알고 있는데 인플레이션이 발생하면 어떤 일이 발생을 하는 거예요. 일단 첫 번째 인플레이션이라는 건 우리가 이제 물가가 상승한다고 해석할 수도 있지만 이걸 뒤집어 말하면 화폐가치가 하락한다고 할 수도 있어요. 예를 들어서 제가 갖고 있는 이 시계가 만 원짜리다라고 가정을 해볼게요.

만 원짜리인데 이게 10만 원이 되면 우리는 물가가 올랐다고 하죠. 물가가 오르죠. 엄청나게 비싸졌으니까 그렇죠. 그런데 이것을 뒤집어 말하면 원래는 만 개의 원화가 있으면 이 시계를 살 수 있었는데 이제는 10만 개의 원화가 있어야 이 시계를 살 수 있죠. 화폐가치가 떨어지는 거죠.

진행자: 그렇죠. 화폐가치가 떨어졌다는 거죠. 굉장히 설득력 있게 쉽게 설명해주셨어요.

오건영: 그런데 여기서 이게 화폐가치가 너무 빠르게 하락을 했을 때 나타나는 가장 큰 문제점 중의 하나가 인플레이션은 소리 없는 도둑이라는 거예요. 예를 들어서 제가 주머니에 현찰로 100만 원을 꽂고 다니면 돈 많은 거잖아요. 그런데 문제는 뭐냐면 인플레이션이 거대하게 찾아와서 과자 한 봉지가 100만 원이 되는 겁니다. 그러면 아무 말도 없었는데 100만 원의 가치가 휴지 조각이 되어버리는 거잖아요. '이

게 뭐지?' 이런 느낌이 되는 거잖아요. 그래서 결국에는 현금을 버는 근로자들의 어떤 생활 환경 이런 것들이 굉장히 어려워질 수 있고요. 월급이 인플레이션의 증가만큼 따라갈 수 없기 때문에 내가 쓸 수 있는 돈의 가치가 그만큼 떨어지니까 우리 실생활의 삶의 질이 굉장히 떨어지겠네요.

진행자: 그렇죠. 그렇군요.

요즘 여기에 더불어서 스태그플레이션이라는 얘기가 나옵니다. 이거는 뭡니까?

오건영: 스태그플레이션이라는 것이 뭐냐면 보통 국가 경제가 성장을 하면 사람들이 돈을 많이 버니까 소득이 생기잖아요. 수요가 늘어나요. 물건을 막 삽니다. 그러면 물가가 올라요. 그러면 성장이 나오면 물가가 올라요. 그런데 이러다가 물가가 너무 많이 오르고 하면 성장이 박살 나거든요. '돈이 없어!' 이러면서 성장이 위축돼요. 그러면 소비가 줄어들고 수요가 줄어드니까 물가가 내려가겠죠.

진행자: 그렇죠. 그러면 우리가 짝을 지으면 성장이 좋아지면 물가가 올라요. 성장이 떨어지면 물가가 떨어져요. 그런데 이게 이상하게 엇박자가 나면 이런 일이 벌어져요. 성장이 둔화가 되는데 물가가 뛰어요. 이것을 스태그플레이션이라고 해요.

구어체로
대화하듯 말하라

사람들은 딱딱하고 어려운 말을 싫어한다. 상대가 듣자마자 곧바로 이해되게 하려면 구어체를 사용하는 것이 효과적이다. 구어체(口語體)는 '입말체'라고도 부른다. 일상생활에서 실제 입으로 발화되는 말을 그대로 쓰는 것이다.

생략과 줄임도 많다. 평소 우리가 일상에서 자주 쓰던 말로 이야기하니, 더 자연스럽고 생동감 있게 느껴질 수밖에 없다. 반면에 문어체(文語體)는 일상생활에서 사용되지 않고 문서에 한정되어 쓰이는 문체를 말한다. 일상적인 대화에서 쓰는 말투가 아닌, 글에서 주로 쓰는 말투이다. 언어 규범을 철저히 지키기 때문에 구어체보다 듣기에 딱딱하고 어색하게 느껴진다. 흔히 공공장소에서 문어체로 쓴 안내문을 쉽게 찾아볼 수 있는데, 누군가에게 말할 때는 구어체를 쓰는 것이 더 자연스럽다.

예를 들면, 폐기물 무단투기 금지(문어체)를 "쓰레기를 함부로 버리지 마세요."(구어체)라고 말할 수 있다. 공사다망, 금일, 당사, 그간 등 문서에서 쓰는 문어체 표현도 공적인 자리에서 말할 때는 '바쁘신 와중에도, 오늘, 우리 회사, 그동안'과 같이 바꿔 말하자.

"공사다망하신 중에도 금일 당사의 창립기념일 행사에 참석해주셔서 감사합니다. 그간 보내주신 관심과 성원에 감사드립니다"라고 하는 대신에 "바쁘신 와중에도 우리 회사의 창립기념일 행사에 참석해주셔서 감사합니다. 그동안 보내주신 관심과 성원에 감사드립니다"라고 말할 수 있다.

물론 공식적인 발표나 연설할 때 문어체를 아예 사용해서는 안 된다는 것은 아니다. 실제로 일부 사용하기도 하지만 발표나 연설도 청중과의 소통이 중요하므로 구어체로 대화하듯이 말하는 것이 더 좋다. 구어체로 말하는 다음 다섯 가지 방법만 알면 누구나 대화하듯이 자연스럽게 말할 수 있다.

1) 축약해서 말하기

✔ **이것이, 것 → 이게, 게**

- 아직도 이것이 습관이죠. → 아직도 이게 습관이죠.

- 냄새를 맡는 것이 아니죠. → 냄새를 맡는 게 아니죠.

✔ **하여 → 해(해서)**

- 이번 만남을 통하여 → 이번 만남을 통해

- 거래처를 통하여 → 거래처를 통해서

✔ **하였습니다. → 했습니다.**

- 결혼하였습니다. → 결혼했습니다.

- 추진하였습니다. → 추진했습니다.

- 요청하였습니다. → 요청했습니다.

✔ **되었습니다. → 됐습니다.**

- 가족과 함께 떠나게 되었습니다. → 가족과 함께 떠나게 됐습니다.

- 계약이 체결되었습니다. → 계약이 체결됐습니다.

- 확정되었습니다. → 확정됐습니다.

2) 연음으로 말하기

✔ **안녕하세요, 정우성 대리입니다.**

  → 안녕하세요, 정우성 대립니다. 〔대림니다.〕

✔ **이분이 실무자입니다.**

  → 이분이 실무잡니다. 〔실무잠니다.〕

✔ **세계 최초로 개발된 신소재입니다.**

  → 세계 최초로 개발된 신소잽니다. 〔신소잼니다.〕

3) 어려운 한자를 한글로 치환하기

✔ **공사다망하신 중에도**

  → 바쁘신 와중에도

✔ **당사의 주주총회는 금일 열립니다.**

  → 우리 회사의 주주총회는 오늘 열립니다.

4) 문장부호에 접속사 넣어서 말하기

✓ **분점은 서울, 대전, 부산, 제주에 있습니다.**

→ 분점은 서울과 대전, 부산, 그리고 제주에 있습니다.

✓ **협조·지원을 당부했습니다.**

→ 협조와 지원을 당부했습니다.

5) 개조식을 서술식으로 말하기

*개조식: 글을 쓸 때 짧게 끊어서 중요한 요점이나 단어를 나열하는 방식

✓ **지역 균형발전을 위한 규제 완화 및 성장 인프라 확충**

→ 지역 균형발전을 위한 규제를 완화하고 성장 인프라를 확충했습니다.

✓ **안전하고, 살기 좋은 생활환경 조성**

→ 안전하고 살기 좋은 생활환경을 조성합니다.

답은 알지만
질문하라

이번에는 청중을 자신의 생각 안으로 끌어들이고 호소력 있게 말하는 기법이다. 즉 누구나 당연히 알 만한 사실을 의문문으로 표현하는 '설의법'이다. 수사학에서는 '수사적 질문 rhetorical question'이라고 일컫는다.

실제로 대답을 전제로 하는 것이 아니라 수사학적 효과를 위해 사용하는 의문문이다. 자신의 주장을 평서문 대신에 의문문의 형태로 제시하지만 그 질문에 대한 정답이 너무 명백해 청중의 구체적 답을 필요로 하지 않는 언어학적 형식을 가리킨다. 쉽게 말해서, 진짜로 묻는 것이 아니라 '의문문'이라는 형식을 따를 뿐이다. 따라서 질문은 하지만 청중의 대답을 기대하지 않는다. 선생님이 "학생이 숙제를 안하면 되겠니?"라고 묻는 것도 학생들의 대답을 기대하는 것이 아니다. '학생이 숙제를 안하면 안 된다'는 말을 수사적 질문으로 표현하는 것이다.

한 연구에 의하면 수사적 질문은 광고 제작자들이 선호하는 기법이기도 하다. 음식물 쓰레기를 줄이는 것을 목표로 하는 한 공익광고가 있다. "돈이라면 남기겠습니까?"라는 수사적 질문을 던진다. 음식은 남겨도 돈은 남기는 사람은 없을 것이기 때문에 수사적 질문을 통해 직설법보다 더 강한 효과를 얻을 수 있다. 3년간 미국 인쇄 광고에 대해 분석한 결과에 따르면 전체 광고에서 수사적 질문 형태가 차지한 비중이 20%에 이른다고 한다. 당시 미국 인쇄 광고 다섯 편 중 한 편이 수사적 질문의 형태였다는 것이다. 이러한 언어기법은 영업 현장, 대중연설, 공적인 말하기 등 설득이 요구되는 상황에서 특히 자주 쓰인다.

청중에게 묻고 그 즉시 자신이 대답하기도 한다. 이것을 로카티오rogatio라고 하는데, 말하는 사람이 질문을 제기하면서 자기 자신이 답하는 방식으로 이루어지는 수사적 질문의 한 유형이다. 이를테면 "여러분, 세상이 정말 급변하고 있지 않습니까? 맞습니다. 급변하고 있습니다"라고 자문자답할 수 있다. 도널드 럼즈펠드[Donald Rumsfeld] 장관은 미 국방부 장관으로 재임하는 동안 언론에 연설할 때 이 전략을 자주 사용한 것으로 유명하다. 그는 한 뉴스 브리핑에서 이렇게 말했다.

"그들이 '그것'에 동의했다고 말합니까? 그들은 회의를 갖고 이러한 것에 관해 토론하고 있습니까? 예. 몇 주와 몇 달 동안 회의를 가졌습니까? 예. 그 프로세스가 유용할 수 있다는 것을 어느 정도 이해하고 있다는 것을 의미합니까? 예. 그러나 총리와 그의 정부가 내려왔다고 말할 수 있습니까? (중략) 우리는 이번에 그것을 할 것입니까? 아닙니다. 나는 그 모든 것을 결정한다면 발표했을 것이라고 생각합니다."

이제 다음의 예시문을 살펴보자. 여기에는 수사적 질문이 있다. 혹시 눈치챘는가? 제일 먼저 의문문부터 찾으면 되는데, 그렇다고 모든 의문문이 수사적 질문인 것은 아니다. 수사적 질문인지는 맥락이 결정한다. "여러분은 프레젠테이션이 뭐라고 생각하시나요?" "왜냐고요?" "살아가면서 여러분에게 찾아오는 기회가 많을까요?" "자신에게 찾아온 기회를 놓치시겠습니까?" 의문문은 이렇게 전체 네 번 등장한다.

"여러분은 프레젠테이션이 뭐라고 생각하시나요?"라고 묻

안녕하십니까, 오늘 발표를 맡은 ○○○입니다.

여러분은 프레젠테이션이 뭐라고 생각하시나요?
프레젠테이션은 기회입니다.
왜냐고요? 프레젠테이션은 청중에게 '내가 어떤 사람이다'라는 것을 생생하게 눈으로 보여주고 귀로 들려주는 자리이기 때문입니다.

살아가면서 여러분에게 찾아오는 기회가 많을까요?
그렇지 않습니다.
마찬가지로 사람들을 모아놓고 당신이 프레젠테이션을 하거나, 사람들로 하여금 당신의 말을 듣게 만들 일은 그렇게 많지 않습니다.

자신에게 찾아온 기회를 놓치시겠습니까?
성공 안에 프레젠테이션이 있고
프레젠테이션 안에 성공이 있습니다.
프레젠테이션은 돈을 들이지 않고도 나를 알릴 수 있는 좋은 기회라는 사실을 잊지 마시기 바랍니다.
감사합니다.

〈프레젠테이션 상식 사전〉

는 것은 청중이 생각하는 답을 모르기 때문에 일반의문문으로 물어보는 것이다. 그리고 "왜냐고요?"라고 하는 것도 말의

다르게 말하면
쉽게 이해한다

맥락상 청중과 소통하기 위한 하나의 방법으로 되묻는 것일 뿐이다. 따라서 이 두 문장은 수사적 질문이 아니다.

수사적 질문은 누구나 당연히 알 만한 사실을 의문문으로 표현한 것이라고 했다. 즉 사람들이 답을 모르는 게 아니라 이미 알고 있는데 의문문으로 물어봤다면 수사적 질문이다. 질문 형태를 띠는 문장인데, 원래의 내용을 부정하는 평서문으로 치환했을 때 본래의 의미가 바뀌지 않았다면 수사적 질문이라고 생각하면 된다.

코칭할 때 나는 교육생들에게 우스갯소리로 이것을 '양의 탈을 쓴 가짜 질문'이라고 말한다. 질문하는 것 같지만, 사실은 모두가 답을 아는 걸 묻기 때문이다. 답을 모르고 물으면 '진짜 질문', 답을 알고 물으면 '가짜 질문'이라고 구분하면 좀 더 쉽게 이해된다.

예를 들어 "살아가면서 여러분에게 찾아오는 기회가 많을까요?"라고 묻지만, '많지 않다'라는 답이 있으니 가짜 질문이다. 마찬가지로 "자신에게 찾아온 기회를 놓치시겠습니까?"라고 묻지만 '놓치면 안 된다'라는 답이 있으니 가짜 질문이다. 몰라서 묻는 게 아니기 때문에 '여러분에게 찾아오는 기회는 많지 않아요!' '자신에게 찾아온 기회를 놓치지 마세

- 살아가면서 여러분에게 찾아오는 기회가 많지 않습니다.
  (평서문)
  → 살아가면서 여러분에게 찾아오는 기회가 많을까요?
  (의문문, 수사적 질문)

- 자신에게 찾아온 기회를 놓치지 마십시오. (평서문)
  → 자신에게 찾아온 기회를 놓치시겠습니까?
  (의문문, 수사적 질문)

- 학생이 숙제를 안 하면 안 되지. (평서문)
  → 학생이 숙제를 안 하면 되겠니? (의문문, 수사적 질문)

- 음식은 남겨도 돈은 남기는 사람이 없지. (평서문)
  → "돈이라면 남기겠습니까? (의문문, 수사적 질문)
*음식물 쓰레기 줄이기 캠페인 공익광고

요!'라는 심정을 담아서 말해야 한다. 감정에 호소하거나 설득해야 하는 상황에서 아주 유용한 화법이다.

청중은 수사적 질문에 입을 열어 대답하지는 않지만 머릿속으로 답을 찾기 때문에 생각의 확장이 일어난다. 이는 청중이 참여할 수 있는 기회를 주는 것이며, 자연스럽게 집중력이 높아진다.

실제로 내가 코칭할 때는 '이걸 왜 놓쳐? 미쳤어? 놓치지 마!!'라는 심정으로 더 격하게 호소하라고 주문한다. 이 정도로 연습해두어야 다수의 청중 앞에서 당당하게 말할 수 있으며, 자기 생각 안으로 끌어당길 수 있고, 감정적 교류가 형성된다.

　이제부터 수사적 질문은 물론 청중과의 상호작용을 위한 일반적 질문까지 적절하게 사용해보자. 자신의 말에 공감력과 설득력이 한층 더 올라갈 것이다.

점층적으로
고조시켜 말하라

이번에 소개하는 '점층법'은 글이나 말을 할 때 낱말이나 문장을 점층적으로 배열하는 기법이다. 내용을 점점 쌓아갈 수도 있고, 작은 것에서 큰 것으로 혹은 약한 것에서 강한 것으로 점차적으로 강도를 높여 나갈 수도 있다. 예를 들어 "그녀는 주부이고 어머니이며 또한 의사입니다." "새로 나온 차 ○○는 값이 저렴할 뿐만 아니라 특히 편안하고 성능이 뛰어납니다" 같은 문장은 점층법으로 이루어져 있다.

윤동주의 '서시'에는 "작은 불씨가 거대한 불길로 변한다"라는 구절이 있는데, 문학작품에서도 많이 사용되는 기법이다. 이렇게 점층적으로 말의 내용을 고조시켜 말하면 청중의 기대감과 긴장감을 한껏 높일 수 있다.

앞의 예문에서도 "생생하게 눈으로 보여주고 귀로 들려주는 자리이기 때문입니다." "성공 안에 프레젠테이션이 있고 프레젠테이션 안에 성공이 있습니다" 같은 부분이 내용을 점점 쌓아가는 구성이라고 볼 수 있다.

점층법은 이렇게 단어나 문장을 점층적으로 배열할 수도 있고, 가장 중요한 내용, 즉 클라이맥스에 다다르기까지 소리를 점층적으로 고조시키면서 단계를 높일 수도 있다. 점층법은 말의 '내용'과 '형식'에 둘 다 적용할 수 있는 매우 유용한 방법이다.

앞의 예문을 보면 "여러분은(1단계) 프레젠테이션이(2단계) 뭐라고 생각하시나요(3단계)?"로 나누어 소리를 고조시킬 수 있다. 즉 단계별로 각각 첫음절에 강세를 주면서 점차 톤을 높여가는 것이다. 1단계는 첫음절 '여'에 강세를 주면서 낮은 톤으로 말하고, 2단계는 첫음절 '프'에 강세를 주면서 한 톤을 높여 말하며, 3단계는 첫음절 '뭐'에 강세를 주면서 한 톤 더 높여서 말하면 된다.

프레젠테이션은 '설득의 성격을 지닌 말하기'이기 때문에 모든 내용에 감정적인 호소가 깔려 있다. 그래서 이러한 계단식 점층법을 적용해서 말하면 감정을 고조시키는 연습을 할 수 있다. 아래와 같이 각 문장을 나눠서 연습한 후 원고 전체를 여러 번 반복해보자.

> 오늘(1단계) 발표를 맡은(2단계) ○○○입니다(3단계).
> 여러분은(1단계) 프레젠테이션이(2단계) 뭐라고 생각하시나요(3단계)?
> 프레젠테이션은(1단계) 기회입니다(2단계).
> 청중에게(1단계) 내가(2단계) '어떤 사람이다'라는 것을(3단계),
> 생생하게(1단계) 눈으로 보여주고(2단계),
> 귀로(1단계) 들려주는 자리이기 때문입니다(2단계).
> 여러분에게(1단계) 찾아오는 기회가(2단계) 많을까요(3단계)?
> 그렇지(1단계) 않습니다(2단계).
> 사람들을 모아놓고(1단계) 당신이(2단계) 프레젠테이션을 하거나(3단계),
> 사람들로 하여금(1단계) 당신의 말을(2단계) 듣게 만들 일은(3단계),
> 그렇게(1단계) 많지 않습니다(2단계).
> 자신에게 찾아온(1단계) 기회를(2단계) 놓치시겠습니까(3단계)?
> 성공 안에(1단계) 프레젠테이션이 있고(2단계),
> 프레젠테이션 안에(1단계) 성공이 있습니다(2단계).
> 프레젠테이션은(1단계) 돈을 들이지 않고도(2단계),

나를(1단계) 알릴 수 있는(2단계) 좋은 기회라는 사실을(3단계),
잊지(1단계) 마시기 바랍니다(2단계).

일대일로 상담을 하거나 말을 차분하게 잘하는 분들이 있다. 대표적으로 내가 코칭을 하면서 만났던 상담이나 사회복지 분야, 연구직에 종사하는 분들이 이러한 경향성을 띠었다.

이분들이 공통적으로 나를 찾아온 이유는 직장 내에서가 아니라 외부에서 강의 의뢰를 받아 여러 사람 앞에서 공적인 말하기를 해야 하는 상황이 생겼기 때문이다. "제가 사람들과 대화하는 건 편하고 어렵지 않은데, 강의는 부담되고 자신이 없네요"라고 심경을 토로한다.

조근조근 차분하게 말을 잘하는 분들은 대화를 나눌 때 상대를 편안하게 해주고 안정감을 준다. 하지만 다수를 상대로 말을 해야 할 때는 열정이 느껴지는 활기찬 에너지가 필요하다. 이때 가장 탁월한 효과를 볼 수 있는 방법이 바로 점층적으로 고조시켜 말하는 훈련이다. 처음에는 어색하고 낯설어 하던 분들도 이내 자신도 몰랐던 에너지를 발산해 좌중을 압도한다.

말하는 사람도 자신감이 생길 뿐 아니라 다이내믹한 분위기를 조성하고 극적인 효과를 내고 싶다면 언어적인 내용은 물론 형식에 있어서도 소리를 점층적으로 끌어올리면서 말해 보자. 자신의 가능성과 매력을 재발견할 것이다.

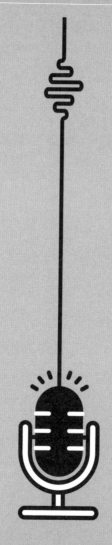

CHAPTER 5

몸짓

몸으로 말하면
오래 기억한다

"어떤 사람에게 말을 할 때는 그의 눈을 보고,
그가 말을 할 때에는 그의 입을 보라."

– 벤자민 프랭클린

몸은
'제2의 언어'다

●　　　호감과 비호감을 결정하는 진실의 순간

자신이 상대에게 어떤 모습으로 말하는지 알고 있는가? 의외로 많은 사람이 말할 때 자신의 표정이나 자세, 몸동작이 어떤지 의식하지 못한다. 모르니 전혀 신경을 쓰지 않는 것이다. 만약 여러분이 말하는 자신의 모습이 담긴 영상을 보게 된다면 당장이라도 바꾸고 싶은 마음이 솟구칠 것이다. 실제로 나에게 코칭을 받은 교육생들이 그랬다.

　나는 코칭을 시작하기에 앞서 교육생들이 평소 말하는 모습을 동영상으로 촬영해 바로 그 자리에서 같이 본다. 그들은 영상에 고스란히 담긴 자기의 모습을 보고 "제가 저런 표정을 짓는 줄 몰랐어요." "얼굴이 많이 굳어 있네요." "손을 어떻게 해야 할지 몰라서 어색해 보이네요." "시선이 불안하네요"라며 적잖이 놀란다. 이보다 더 크게 충격을 받은 사람들은 "꼴 보기 싫네요." "창피해서 못 보겠어요." "여기까지만 보면 안 되나요?"라고 반응하기도 한다. 나는 이러한 방식으로 그들이 자신의 모습을 인식하고 '진실의 순간'을 마주하게 한다.

'진실의 순간^{MOT}'은 경영학과 마케팅, 서비스 분야에서 잘 알려진 용어로, Moment Of Truth의 약자다. 이는 고객이 기업의 상품이나 서비스를 접하면서 순간적으로 받는 인상을 뜻한다. 고객은 상품이나 서비스를 접하는 짧은 순간에 그 상품이나 서비스에 대한 평가를 내리는데, 이는 기업 전체의 이미지나 인상에까지 영향을 준다. 그래서 MOT를 바탕으로 고객 서비스를 분석하는 컨설턴트는 전체 서비스의 흐름을 일련의 사소한 '순간들'의 연결로 이해하고, 취약한 순간을 찾아서 개선할 것을 권고한다.

MOT의 성공사례로 꼽히는 인물은 1980년대 스칸디나비아 SAS항공의 얄 칼슨 사장이다. 그는 MOT를 기업 마케팅에 적용해 1970년대 말 오일쇼크로 2년 연속 적자를 기록한 회사를 흑자 회사로 만든 전설적인 인물이다. 1981년 39세의 나이에 사장으로 부임한 얄 칼슨은, 부임하자마자 이렇게 말했다. "직원들이 고객을 만나는 15초 동안이 진실의 순간이며, 15초 동안에 고객을 평생 단골로 잡느냐 원수로 만드느냐가 결정된다."

그래서 그는 고객이 예약 문의 전화를 하고, 공항 카운터를 방문하며, 티켓을 받은 후 탑승하고, 기내서비스를 받고, 공항을 빠져나오는 등의 모든 순간에 고객이 항공사와 함께 있다는 기분을 느낄 수 있도록 했다. 이렇게 그는 위기의 회사를 살렸다.

● 뇌가 무의식적으로 느끼는 본능적인 선호

우리는 흔히 자신이 어떤 모습으로 말하고 있는지 의식하지 못한다. 그래서 그 모습이 상대에게 비호감을 유발하거나 신뢰를 떨어트릴 수 있다는 사실을 간과한다. 그러나 사람들 앞에서 말하는 것 역시 이러한 '진실의 순간'들이 일련의 흐름을 구성한다. 우리는 말의 내용뿐만 아니라 '몸으로 말하는 비언어'를 통해 상대의 마음을 열고 호감과 신뢰를 줄 수 있다. 상대와 얼굴을 처음 마주하는 '첫 만남'이나 '첫 순간'이 특히 중요하다. '3초의 법칙', 즉 첫인상은 3초 안에 결정된다고 많이 이야기한다.

그런데 놀랍게도 대략 0.1초 안에 상대에 대한 첫인상이 결정된다는 연구 결과도 있다. 사람들에게 낯선 사람의 얼굴만 보여주고 그 사람에 대한 호감도, 유능성, 신뢰성, 공격성, 매력, 이 다섯 가지 요인에 대해 평가하도록 했다. 얼굴만 보고 그 사람의 특성을 알아 맞춰보라고 한 것이다. 평가의 결과는 0.1초만 보여준 경우나 시간제한 없이 오래 보게 한 경우나 차이가 없었다.

그러므로 상대와 처음 만나는 순간에 좋은 첫인상을 주려고 노력해야 한다. 인간이 감각 수용의 약 80%를 시각에 의존하는 만큼 시각은 인간에게 가장 중요시되는 감각이다. 뇌가 무의식적으로 느끼게 되는 본능적인 선호라고 볼 수 있다. 즉 인간은 짧은 시간에 상대를 판단하고, 즉각적으로 호감도의 차이가 발생한다.

인상을 찌푸린다든지, 걱정과 근심에 찬 표정을 짓는다든지, 몸을 배배 꼰다든지, 손가락을 꼼지락거린다든지, 시선이 흔들리고 산만하다든지 등 자신도 모르는 부정적인 비언어 습관이 있다면 이제부터 호감과 신뢰감을 주는 모습으로 변화해보자.

대화할 때도 상대가 시선을 다른 곳에 두거나 딴짓을 하면 듣는 태도가 불량하다고 느껴지는 것처럼, 비언어적 요소는 커뮤니케이션에서 매우 중요하다. 더욱이 많은 사람 앞에서 단시간에 청중의 마음을 사로잡아야 하는 상황일수록 몸짓, 손짓, 표정과 같은 비언어의 힘은 생각보다 훨씬 크다.

이뿐만 아니라 언어적 요소, 즉 말의 내용을 전달하는 것만으로 의사 표현은 충분하지 않다. 비언어적 요소와 조화를 이루었을 때 호감도가 상승하는 것은 물론, 말의 내용도 잘 기억되고 전달력이 높아진다. 그러니 '말의 내용'에만 몰두하지 말고 상대에게 호감을 주는 첫인상부터 말하는 모습까지 모든 순간이 커뮤니케이션의 전 과정임을 잊지 말아야 한다.

당당한 자세로
일관하라

●　　　　기죽어 있는 모습 VS. 기세등등한 모습

많은 사람 앞에 나서야 할 때 우선 가슴을 활짝 펴고 당당한
자세로 등장해야 한다. 가슴을 활짝 펴고 등장하는 것은 일대
일의 대화보다 다수의 청중을 대상으로 말할 때 특히 중요하
다. 이를테면 프레젠테이션이나 강의, 과제발표, 사업설명, 회
사소개 자리 등이 그렇다. 이런 상황에서는 편안한 표정을 지
어 보이면서 당당한 자세로 등장하고 일관된 자세를 유지해
야 한다.

　만약 여러분이 청중이라면, 구부정한 자세로 말하는 사람

과 당당하고 꼿꼿한 자세로 말하는 사람 중에 누구에게 더 호감이 가겠는가? 아마 대부분이 자세가 당당한 '후자'를 선택할 것이다.

당당하지 못한 자세는 호감도뿐만 아니라 신뢰성까지 떨어트린다. 앞에 나온 사람이 자신감 없고 구부정한 자세로 서 있으니 그 사람의 말을 듣기도 전에 화자가 하려는 말의 내용에 의구심이 생기고, 애초에 듣고 싶은 마음이 들지 않는다. 누구도 자신의 귀한 시간을 자신감 없는 사람에게 쏟고 싶어 하지 않기 때문이다.

한번은 그동안 프레젠테이션 코칭을 받은 사람들의 영상을 다시 돌려 보면서 자세를 분석한 적이 있다. 이들은 공통적으로 허리가 구부정하고 어깨가 살짝 안으로 굽은 경우가 많았다. 프레젠테이션이 두렵고 어렵게 느껴지니 몸의 자세도 덩달아서 낮아지는 것이다. 한마디로 표현하면 기를 못 펴는 모습이었다. 기가 죽어 있는 모습과 기세등등한 모습은 자세에서부터 극명한 차이가 있다.

그 사람의 평상시의 자세가 대중 앞에 섰을 때도 적나라하게 드러나기 때문에 항상 거울을 보면서 자신의 자세와 매무새를 점검해봐야 한다. 자세는 완전히 몸에 밸 수 있도록 여러 번 반복적으로 연습하는 것이 좋다. 완벽하게 몸에 익어야 실제 현장에서 당황하지 않고 당당한 모습으로 사람들 앞에 설 수 있다.

● 기본적인 인사 자세

먼저 허리를 꼿꼿하게 세우고 당당하게 서 있는 상태에서 차렷 자세를 한다. 남자는 양발을 살짝 벌려서 안정감 있게 선다. 손은 달걀을 쥔 듯이 가볍게 주먹을 쥔 채로 바지 옆선에 붙인다. 여자는 양발을 모으고 두 손은 가지런히 포개서 배꼽 아래에 살포시 둔다.

자세를 바르게 정비한 후 "안녕하십니까, ○○○입니다"라고 자신의 이름을 밝힌다. 이름 앞에 자신을 수식하는 말이나 소속을 덧붙여도 좋다. 이렇게 '말 인사'를 한 후 머리와 목, 어깨, 등, 허리까지 일직선으로 해 상체를 45도 기울여서 정중하게 인사한다.

시선은 자연스럽게 아래로 향하며, 발끝에서 앞쪽으로 한 폭 정도 되는 지점을 응시한다. 이때 상체를 30도 정도 굽혀서 인사하는 보통례를 해도 무방하지만, 큰 무대나 중요한 자리라면 상체를 45도 숙여서 정중례를 하는 것이 좋다. 더 정중하게 인사한다고 해서 전혀 나쁠 것이 없다. 이렇게 '몸 인사'를 제대로 한 다음 다시 상체를 바로 세우고 청중과 시선을 맞춘다.

인사를 받은 청중이 박수를 치면, 박수 소리가 끝날 때쯤 자연스럽게 말을 시작하면 된다. 긴장하거나 마음의 여유가 없어서 빠르게 인사하고 말을 성급하게 시작하는 사람들이 있다. 그러나 이 순간은 화자가 잠시 여유를 가지면서 청중과 상호작용하는 매우 중요한 시간이다. 그러므로 절대 급하게 해서는 안 된다는 점을 명심하자. 발표를 모두 마친 후에는 "감사합니다"라고 끝인사를 한 다음, 다시 상체를 숙여서 공손하게 인사한다.

한 가지 주의할 점이 있다. 보통 인사할 때 말과 행동, 즉 말 인사와 몸 인사를 동시에 하는 경우가 있다. 그러나 그렇게 인사하면 내가 하는 말 인사가 청중이 아닌 바닥에 대고 한 꼴이 된다. 그러므로 첫인사와 끝인사 모두 '말 인사'를 먼저 한 다음에 '몸 인사'를 해야 한다는 것을 꼭 기억하자.

_____

1. 허리를 꼿꼿하게 세우고 서 있는 상태에서 차렷 자세를 한다.

2. (남자) 양발을 살짝 벌려서 안정감 있게 선다.

   손은 달걀을 쥔 듯이 가볍게 주먹을 쥔 채로 바지 옆선에 붙인다.

   (여자) 양발을 모으고 두 손을 가지런히 포개서 배꼽 아래에 살포시

   둔다.

3. (말 인사) "안녕하십니까, ○○○입니다"라고 자신의 이름을 밝힌다.

4. (몸 인사) 머리와 목, 어깨, 등, 허리까지 일직선으로 해 상체를 45도

   기울여서 정중하게 인사한다.

5. 시선은 자연스럽게 아래로 향하며, 발끝에서 앞쪽으로 한 폭 정도 되

   는 지점을 응시한다.

6. 다시 상체를 바로 세우고 청중과 시선을 맞춘다.

7. 청중의 박수 소리가 끝날 때쯤 자연스럽게 말을 시작한다.
8. 발표를 모두 마친 후 "감사합니다"라고 끝인사를 한 뒤, 다시 상체를 숙여서 공손하게 인사한다.

●   연단에서의 인사 자세

큰 무대나 행사, 학술대회, 콘퍼런스, 세미나 등 연단이 준비된 상황에서는 어떻게 인사를 해야 할까? 이는 많은 사람이 궁금해하며 질문하는 단골 질문 중의 하나다.

이런 대규모 자리는 보통 연단 위에 스탠드 마이크가 고정되어 있고, 사회자가 따로 있는 경우가 많다. 이 경우에 화자는 무대 뒤에서 대기하고 있다가 사회자가 호명하면 무대에 오르는 것이 일반적이다. 이럴 때 연단에서의 인사 자세는 기본적인 인사 자세와 어떻게 다른지 미리 확인하고 준비해놓자.

먼저 무대 뒤(또는 객석 맨 앞자리)에서 바른 자세로 대기한다. 사회자가 호명하면 무대 앞으로 나가는데, 객석을 한 번 바라본 후 연단이 있는 곳까지 이동한다. 이때 시선이 땅에 떨어지지 않도록 주의하고, 정면을 응시하면서 천천히 걷는다. 사회자와 한 번 시선을 맞춘 후 다시 객석을 바라본다.

이제 객석에 있는 청중에게 인사할 차례다. 연단에 서서 말할 때는 내내 얼굴과 상체만 보이고 나머지 몸은 연단에 가려진다. 그러므로 이럴 때는 연단 뒤에서 "안녕하십니까, ○○○입니다"라고 자신의 이름을 밝힌 후, 연단 옆으로 한 걸음 물러서서 몸 전체를 보이며 인사한다. 기본 인사 자세와 마찬가지로 정수리와 목, 어깨, 등, 허리까지 일직선으로 해 상체를 45도 기울여서 정중하게 인사한다. 시선은 자연스럽게 아래로 향하며, 발끝에서 앞쪽으로 한 폭 정도 되는 지점을 응시하면 된다. 물론 자기소개할 때 이름 앞에 자신을 수식하는 말이나 소속을 덧붙여도 좋다.

연단 옆에서 몸 인사를 한 다음에는 다시 연단 뒤에 서서 발표를 시작한다. 모든 발표를 마친 후 마지막 인사를 할 때는 처음과 마찬가지로 "감사합니다"라고 말 인사를 먼저 한 후, 연단 옆으로 한 걸음 물러나 몸을 숙여 인사한다. 자연스럽게 몸을 돌려서 처음에 등장했던 곳으로 다시 퇴장하면 된다. 이처럼 연단에 서서 말할 때는 몸이 가려지기 때문에 초반에 몸 전체를 보여 인사해야 한다. 기본적인 인사와 약간의 차이가 있으니 이 점을 기억해두자.

1. 바른 자세로 기다린다.

2. 호명되면 무대에 오른다.

3. 자세를 바로 하고 천천히 걷는다. 이때 시선은 땅을 보지 않고 정면을 응시한다.

4. 사회자와 시선을 맞춘 후 다시 객석을 바라본다.

5. 연단 뒤에 서서 "안녕하십니까, ○○○입니다"라고 말 인사를 한다.

6. 연단 옆으로 한 걸음 물러서서 몸 전체를 보이며 몸을 숙여 인사한다.

7. 마지막 인사 시에는 "감사합니다"라고 말 인사를 먼저 한 후 연단 옆으로 한 걸음 물러나 몸으로 인사한다.

8. 몸을 돌려서 처음에 등장했던 곳으로 다시 퇴장한다.

안정적인 발표 자세

이번에는 PPT(파워포인트)를 화면에 띄워 놓고 발표하는 상황을 살펴보자. 먼저 인사를 한 후 어깨너비의 간격으로 두 발을 벌리고 바르게 선다. 양손을 포개어 살짝 마주 잡은 상태로 허리 위치까지 올린다. 제스처를 하지 않을 때는 똑같이 이 자세를 취하면 된다. 그런 다음 PPT 화면을 기준으로 두 걸음 앞에 나와서 상체를 청중의 방향으로 젖혀 대각선으로 선다.

이때 포인터는 어느 손에 쥐면 좋을까? 보통은 자신의 습관대로 혹은 무작위로 포인터를 쥐는 경우가 많다. '이런 것도 방법이 있나?' 하고 의아해하는 사람이 있는데, 이런 사소한 부분까지 신경을 쓰고 사전에 계획할수록 발표를 더 안정적으로 할 수 있다. 포인터는 PPT와 가까운 쪽의 손으로 쥐는 것이 좋다.

예를 들어 내가 정면을 바라본 상태에서 PPT의 오른쪽에 서 있다면 PPT와 가까운 왼손으로 포인터를 쥐고, 내가 PPT의 왼쪽에 서 있다면 PPT와 가까운 오른손으로 포인터를 쥐어야 한다. 그래야 PPT 화면을 가리킬 때 상체가 청중을 향하게 된다. 위와 반대로 하면 PPT 화면을 가리킬 때마다 포인터를 손에 쥔 팔이 상체를 가로막는다. 발표를 진행하는 중에 좌우로 이동한다면 자연스럽게 포인터도 반대쪽 손으로 옮겨야 한다.

만약 마이크를 사용한다면 유의할 점들이 있다. 마이크는 자신이 편한 쪽 손으로 잡고 다른 한 손에 포인터를 쥔다. 물론 PPT화면을 가리킬 때 포인터를 사용할 때도 자신의 상체를 막으면 안 된다. 마이크를 입에 바짝 붙이면 목소리가 너무 크고 픽픽 튀는 소리가 난다. 그러면 청중이 듣기에 불편하고 피로도가 높아지기 때문에 입과 마이크 사이에 약간 간격을 두어야 한다. 손가락을 오므려 주먹 하나를 사이에 둔 정도가 좋다. 발표자의 턱 끝 지점이라고 생각하면 이해하기 쉽다. 이때 마이크가 발표자의 입술 쪽으로 향하도록 살짝 기울이면 목소리가 수음(受音, 소리로 된 신호를 받음)이 잘 된다. 마이크를 잡을 때는 머리 부분이 아니라 마이크 대의 중간을 편하게 잡는다. 포인터 쥐는 법, 마이크 사용법 등은 많은 발표자가 놓치는 부분인데, 이러한 사소한 부분까지 꼼꼼하게 챙겼을 때 심리적으로도 안정되고 더 완성도 높은 발표를 할 수 있다.

1. 인사 후 어깨너비의 간격으로 두 발을 벌리고 바르게 선다.

2. 양손을 포개어 살짝 마주 잡은 상태로 허리 위치까지 올린다.

3. PPT 화면을 기준으로 두 걸음 앞에 나와서 상체를 청중의 방향으로 젖혀 대각선으로 선다.

4. 포인터는 PPT와 가까운 쪽의 손으로 쥔다.

5. 마이크는 자신이 편한 쪽 손으로 잡고 다른 한 손에 포인터를 쥔다.

6. 입과 마이크 사이는 주먹 하나 정도의 간격을 둔다.

7. 마이크가 발표자의 입술 쪽을 향하도록 살짝 기울인다.

좋은 인상(人相)은
인상(印象)을 남긴다

얼굴도 말을 한다

좋은 인상의 가장 대표적인 요소는 '표정'이다. 이는 하나의 장점을 근거로 모든 걸 긍정적으로 평가하는 후광효과^{Halo} ^{effects}를 내는 중요한 단서로 작용한다. 온화한 미소와 편안한 표정은 사람에 대한 경계심과 적대감을 완화한다. 대화를 나눌 때 상대가 보내는 따뜻한 눈빛에 안도감이 들거나 발표자의 밝고 자신감 있는 표정에 기대감이 한껏 올랐던 경험이 다들 있을 것이다.

표정은 말보다 강력한 힘이 있다. 그러하기에 설사 말주변이 별로 없거나 말수가 적다고 해도 인상이 좋으면 상대에게 호감을 줄 수 있다.

표정은 외모와도 별개다. 뛰어나게 잘생기거나 예쁜 얼굴이 아니어도 감정에 맞는 다양한 표정을 풍부하게 표현하면 훨씬 매력적으로 보인다. 그러니 민감하거나 심각한 주제에 대해 말하는 것이 아니라면 밝고 편안한 표정으로 상대에게 다가가자.

인간의 얼굴에는 80여 개의 근육이 있다고 한다. 눈과 입이 모두 웃어야 좋은 인상을 남기는데, 그러려면 평소에 얼굴 근육이 부드러워야 한다.

지금부터 소개하는 몇 가지 방법을 통해 호감을 주는 미소와 편안한 표정을 만드는 얼굴 근육을 풀어주자. 그러면 누구나 좋은 인상을 만들 수 있다.

얼굴은 화장하면 더 멋지고 예뻐질 수 있지만, 표정은 화장으로 되지 않는다. 표정은 얼굴 근육에서 만들어진다. 실제로 직접 연습해보면 변화를 즉시 알 수 있다. "매일 연습하니 인상이 진짜 부드러워지는 것을 느껴요." "얼굴이 자연스러워진 느낌이 듭니다"라며 이 방법을 실천한 사람들이 계속해서 증언하고 있다. 일주일만 아침저녁으로 거울을 보면서 연습하면 분명 달라진 자신의 모습을 확인할 수 있을 것이다.

이제부터 '얼굴도 말을 한다'는 생각을 가지고서 적극적으로 비언어를 활용해보자. 입가에 엷은 미소를 띤 밝고 편안한 표정으로 상대를 진심으로 환대하면 첫인상부터 그들에게 좋은 이미지로 기억될 수 있다. 청중은 화자에 대한 호감이 형성되어 있는 상태에서는 그가 말하는 내용도 조금 더 주의 깊게 듣는다.

눈 근육(안륜근) 풀어주기

우선 눈 근육인 안륜근을 풀어보자. 눈 근육인 안륜근은 눈꺼풀을 여닫게 하는 근육이다. 우리가 어떤 수업이나 강의를 들을 때 지루하고 졸리면 눈이 풀린다. 눈꺼풀이 내려와 자꾸 눈이 감기려고 하는데, 안륜근이 탄력을 잃어서 그런 것이다. 평소에도 안륜근이 탄력을 유지할 수 있도록 또렷하게 눈을 뜨면 생기 있는 인상을 만들 수 있다.

3단계로 나눠 연습하면 된다. 먼저 지그시 눈을 감은 상태에서 눈썹을 최대한 위로 들어 올린다. 이렇게 하면 눈꺼풀

근육이 시원하게 스트레칭 되는 느낌을 받는다. 근육을 위로 당기면서 탄력을 끌어올리는 것이다. 그 상태를 5초간 유지한다. 마지막으로 눈에 힘을 주면서 눈을 뜬 후에 목표지점을 3초간 응시한다. 눈앞에 어느 한 곳을 목표지점으로 정해 또렷하게 바라보는 것이 포인트다. 이제는 눈에 힘을 풀고 실눈으로 3초간 유지한다.

TRAINING ────────────────────────────────

1. 지그시 눈을 감은 상태에서 눈썹을 최대한 위로 들어 올린다.
2. 그 상태를 5초간 유지한다.
3. 눈에 힘을 주면서 눈을 뜬 후 목표지점을 3초간 응시한다.
4. 눈에 힘을 풀고 실눈으로 3초간 유지한다.

● 윗입술(소협골근) 들어 올리기

이번에는 작은 광대근이라 불리는 소협골근을 위쪽으로 당겨보자. 아주 간단한 방법이 있다. 윙크하면 된다. 윙크하면 눈주위의 근육도 움직일 뿐 아니라 윗입술이 위로 당겨지면서 소협골근이 늘어난다.

먼저 오른쪽 눈으로 윙크를 한 상태에서 이 자세를 5초간 유지한다. 다음에는 반대편 왼쪽 눈으로 윙크를 한 상태에서 똑같이 5초간 유지한다. 이렇게 윗입술을 좌우로 번갈아서 위쪽으로 더 늘려주면 좀 더 환한 미소와 편안한 표정을 만들 수 있다. 마지막으로 손가락을 이용해 사랑의 총알을 쏘는 흉내를 내면서 오른쪽, 왼쪽 눈을 번갈아가며 윙크를 짧게 여러 번 반복한다.

무조건 입을 옆으로 찢으려고만 하면 입에 불필요한 힘이 들어간다. 얼굴에 힘을 가하지 말고, 이러한 표정 근육들을 자주 풀어주는 것이 도움이 된다.

TRAINING _____

1. 오른쪽 눈으로 윙크를 한 상태에서 5초간 유지한다.
2. 왼쪽 눈으로 윙크를 한 상태에서 똑같이 5초간 유지한다.
3. 오른쪽, 왼쪽 눈을 번갈아가며 윙크를 짧게 여러 번 반복한다.

●   **입꼬리**(대협골근) **끌어올리기**

이번에는 조금 더 입을 크게 벌리며 연습해보자. 큰광대근이
라 불리는 대협골근은 입꼬리를 위쪽과 뒤쪽으로 들어 올리
는, 광대뼈에서 시작하는 얼굴의 표정 근육이다.

　먼저 자연스럽게 입을 크게 벌린다. 우리가 호탕하게 웃을
때 이런 식으로 시원하게 입이 벌어진다. 그런 다음에 양쪽

의 입 끝을 귀를 향해 벌려준다. 그 상태로 5초간 유지한다. 마치 입꼬리가 위로 당겨지는 느낌이 들 것이다. 입을 닫았다가 이 동작을 여러 번 반복한다. 이번에는 입을 다물고 입술을 포갠 상태에서 U자로 양쪽 입꼬리를 올려준다. 그 상태로 5초간 유지한다.

TRAINING _____

1. 자연스럽게 입을 크게 벌린다.
2. 양쪽의 입 끝을 귀를 향해 벌려준다.
3. 그 상태를 5초간 유지한다.
4. 입을 다물고 입술을 포갠 상태에서 U자로 양쪽 입꼬리를 올려준다.

밝은 미소를 만드는 단어와 문장 읽기

표정 근육을 풀었으니 이제 단어와 문장을 소리 내어 읽어보자. 우리말의 모음 중 [으], [이], [에], [애]는 입술을 좌우로 벌리면서 발음하는 모음이다. 그래서 [으], [이], [에], [애] 모음이 들어간 단어와 문장을 정확하게 입 모양을 지키며 읽는 연습을 하면 자연스럽게 밝은 미소를 만들 수 있다.

TRAINING _____

김치　　기린　　이끼　　끼니
에누리　테니스　메아리　레이스

칠 월 칠 일(7월 7일)은 친구 치과 가는 날
칠 월 이 일(7월 2일)은 친정 칠순 잔칫날

내가 그린 기린 그림은 긴 기린 그림이고,
네가 그린 기린 그림은 안 긴 기린 그림이다.

내가 그린 그림은 뭉게구름 그린 그림이고
네가 그린 그림은 양털 구름 그린 그림이다.

눈을 맞추면
특별한 기분이 든다

● **안색을 살피지 않고**
말하는 사람은 눈뜬장님이다

"빌 클린턴 대통령은 내 눈을 바라보면서 내 말에 진지하게 귀 기울이는 것처럼 보였어요. 내가 질문하는 동안 한시도 한눈을 팔지 않았어요. 마치 그 회의장에서 내가 가장 중요한 인물인 것처럼 대해주었어요. 우리 바로 옆에는 마이크로소프트의 창립자 빌 게이츠가 서 있었는데도 말이죠!"

CNN 전직 앵커이자 베스트셀러 작가인 카민 갤로는 전미국 대통령 빌 클린턴과의 만남에 얽힌 일화를 이렇게 소개

했다. 이처럼 눈을 보고 말하는 것은 '눈의 마주침' 그 이상의 의미가 있다. 자신이 상대에게 집중하고 있으며, 상대로 하여금 그가 가장 중요한 존재라고 느끼게 한다.

하지만 막상 여러 사람 앞에서 이야기할 때는 자신이 하고 싶은 말을 하는 데 급급한 나머지 미처 청중을 바라보지 못하는 경우가 많다. 준비한 말을 잊어버리기 전에 다 쏟아내느라 상대를 살필 여력이 없다. 더구나 시간제한이 있다면 시간에 쫓겨서 조급함 때문에 말이 빨라지거나 혼자 일방적으로 말하다가 끝나곤 한다.

상반기 사업실적과 하반기 계획을 부서원들과 공유하는 프레젠테이션을 앞두고 코칭을 받으러 오신 분이 있었다. 그분은 "제가 마음이 불안해서 자꾸 PPT에만 의존하게 되고 말이 빨라지거나 버벅거리네요"라며 고민을 털어놓으셨다.

나는 중요한 프레젠테이션이나 면접을 앞둔 분들에게서 이러한 모습을 많이 봐왔다. 업무상 프레젠테이션이 잦은 직장인이나 기업 대표, 그리고 면접을 준비하는 구직자들이다.

나는 코칭 첫 시간에 이분들에게 기존에 하던 프레젠테이션의 오프닝과 1분 자기소개를 해보라고 한다. 그리고 그 모습을 카메라로 촬영하고 녹화된 영상을 같이 보면서 모니터

링한다. 평소에 가지고 있는 말 습관과 앞으로 보완해야 할 점들에 대해 날카롭게 피드백을 해드린다. 카메라에 담긴 그들의 모습은 하나같이 자신이 무슨 말을 하고 있는지 모른 채 중언부언하거나 누가 쫓아오기라도 하듯 말이 빠르고 급한 모습이다.

말을 들어보면 그 사람의 마음 상태를 알 수 있다. 말은 우리 마음이 겉으로 반영된 거울과도 같기 때문이다. 마음이 안정되어 있지 않으면 말이 빨라지고 호흡도 가빠져 말에 여유가 안 생긴다. 그 상태에서는 상대를 편안하게 바라보지 못한다. 심하면 상대와 눈이 마주칠 때 순간적으로 회피하는 일까지 발생한다. 의사소통은 말로만 하는 것이 아님을 자꾸 떠올려야 한다. 말하는 내용에만 지나치게 신경을 쏟을 것이 아니라 빌 클린턴의 사례처럼 말할 때 먼저 청중(상대)과 눈을 맞추며 충분히 공감하고 소통하고 있음을 보여줘야 한다.

"보지 않으면, 듣지 않습니다." 내가 강의할 때 자주 하는 말이다. 내가 상대를 바라보지 않으면 상대는 내 말을 듣지 않는다. 나를 바라보지 않는 사람의 말을 집중해줄 사람은 없다. 그리고 그들을 바라보지 않고서는 호감과 신뢰를 얻을 수 없다.

나 역시 강연 현장에서 정말 다양한 교육생들을 만난다. 적극적으로 호응하고 강의에 참여하는 분들도 많지만, 더러는 회사업무로 피곤한데 어쩔 수 없이 들으러 온 사람, 그냥 쉬러 오는 사람, 무표정으로 앉아 있는 사람도 있다.

나는 강연을 시작하기 전에 그분들에게 다가가 눈을 맞추고 웃으며 말을 건넨다. 짧게나마 소통하면서 나름의 사전작업을 한다. 실제 강연에 들어가면 좀전에 얼굴을 맞대고 눈을 맞추며 웃으면서 이야기했던 사람이 하는 말인지라 대부분 잘 들어주고 참여하신다. 자신에게 호의를 보이고 친절을 베푸는 사람에게는 똑같이 잘해주고 싶은 것이 인지상정이기 때문이다.

눈 맞춤에 대한 자신만의 확고한 철학이 있는 사람이 있다. '케이옥션'의 15년 차 수석 경매사이자 홍보이사인 손이천 씨다. 그녀는 경매장 단상에 올라가면 반드시 모두의 눈을 본다는 원칙을 가지고 있다. 흔히 경매사는 자신을 경매라는 쇼의 주인공이라고 생각하기 쉬운데 "경매사는 경매를 컨트롤하는 사람일 뿐 주인공은 아니다"라며, "나 혼자 하는 일이 아니라는 걸 깨달아야 타인이 보인다"고 강조한다.

그녀가 한 인터뷰에서 했던 말이 인상적이다. "저는 경매장에서 눈으로 많은 이야기를 건네요. 응찰에 실패한 고객에게 '아쉬우시죠?'라는 말을 제 입 밖으로 낼 수는 없어요. 하지만 눈으로는 말할 수 있죠. '내가 저 자리에 앉아 있는 손님이면 어떤 마음일까?' '저기서 전화를 받는 직원이라면 어떨까?' 고민하면서 계속 눈으로 말을 걸어요. 그러다 보면 저절로 마중 나가듯 몸이 앞으로 기울어요." 말이 아닌 눈으로 고객에게 다가가는 그녀의 진정성이 돋보이는 대목이다.

발표 역시 혼자 앞에 나와 멋지게 독무대를 펼치는 것이 아니라 청중들과 함께 호흡하는 자리이다. 그러니 시선은 항상 청중을 향해 상대에게 관심을 표현해주어야 한다는 것을 잊지 말자. 일방향이 되지 않도록 꼭 조심해야 한다.

혼자만 열심히 말하고 있다면 빨리 상황을 인식하고 곧바로 청중의 눈을 맞추며 쌍방향 소통을 하려고 노력해야 한다. 무대 위에서나 여러 사람 앞에서 말하는 것이 혼자만의 외로운 독백이 되어서는 안 된다. 듣는 사람이 있기에 말하는 사람이 존재하는 것이다. 말하는 사람을 위해 그들이 동원된 것이 절대 아니다.

말은 화자의 입에서 시작되지만 청자의 귀를 거쳐 마음에 안착된다. 공자는 안색을 살피지 않고 말하는 사람을 눈뜬장님이라고 했다. 앞으로는 내 말을 전달하는 데만 집중하지 말고, 상대를 바라보고 상대의 마음속으로 들어가자.

● 기본적인 눈 맞춤

상대와 눈 맞춤을 할 때는 중요한 원칙이 있다. 청중은 다수이기 때문에 전체를 고루 보며 일대일로 이야기하듯이 미소 띤 얼굴로 눈 맞춤해야 한다는 것이다. 다만 처음 시작할 때는 한 두 사람을 먼저 보면서 초반의 조금 긴장되고 떨리는 마음을 가다듬는 것이 좋다. 인상 좋은 사람, 내 말에 호응하는 사람, 나의 부탁이나 요청을 들어주는 사람을 먼저 보는 게 도움이 된다.

그런 다음에는 패턴에 맞추어 눈 맞춤하면 된다. 왼쪽, 가운데, 오른쪽(순서는 상관없음) 방향의 패턴 또는 청중 맨 뒤부터 대각선으로 가로질러 맨 앞에 있는 청중까지 훑어보는 Z형이나 S형 패턴으로 눈을 맞춘다. 인원이 많거나 청중과의 거리가 멀다면 사실 한 사람씩 모두 눈을 맞추기는 현실적으로 어렵다. 그래서 패턴으로 범주화하는 것이다. 그러면 청중은 화자가 자기 쪽에도 관심을 주었다는 긍정적인 느낌을 받는다. 청중이 소외되었다고 느끼게 하면 안 된다. 화자는 청중의 눈을 맞추며 특별한 기분을 선사해야 한다.

한 번 볼 때는 최소 3초가량 시선을 유지하고, 상체를 같이 움직여서 청중 쪽으로 향한다. 눈이나 고개만 움직이면 째려보는 것처럼 보이거나 거만하게 보일 수 있으니 조심한다.

만약 호소력 있고 진정성 있게 보이고 싶다면 상체를 살짝 숙이면서 말하는 것도 좋다. 키 작은 어린아이와 말할 때 몸을 낮추고 아이와 눈을 맞추며 말한다면 아이는 어떤 기분이 들까? 자신이 배려받고 있다는 진정성을 느낄 것이다. 이처럼 청중에게도 진정성 있는 모습으로 다가가면 그들의 마음을 사로잡을 수 있다.

TRAINING _____

1. 패턴에 맞추어 눈 맞춤한다. 왼쪽, 가운데, 오른쪽 방향의 패턴, 또는 청중 맨 뒤부터 대각선으로 가로질러 맨 앞에 있는 청중까지 눈을 맞추는 Z형이나 S형 패턴으로 눈을 맞춘다.
2. 한 번 볼 때는 최소 3초가량 시선을 유지한다.
3. 상체를 같이 움직여서 청중 쪽으로 향하도록 한다.
4. 호소력이 있어 보이려면 상체를 살짝 숙인다.

발표 시 눈 맞춤

PPT나 원고를 볼 때도 안정적으로 시선을 이동하며 눈 맞춤을 하는 것이 중요하다. 발표 실습을 할 때 내가 가장 먼저 교육생들에게 훈련하는 것이 있다. 제목 슬라이드를 띄운 상태에서 청중만 바라보고 말하는 것이다.

첫 슬라이드에는 발표 주제가 담긴 제목밖에 없는데도 발표자들은 심리적으로 불안한 마음을 어딘가에 의지하고 싶어 제목 슬라이드를 보면서 말하는 경우가 많다. 이는 절대 금물이다. 이러면 발표자에 대한 신뢰가 떨어진다. 제목조차 슬라이드를 보고 말하는 수준이라면, 청중은 발표자가 발표 주제와 내용을 잘 모르거나 발표 준비가 안 됐다는 선입견을 갖기 때문이다.

그러니 제목 슬라이드에서는 반드시 청중을 바라보면서 말을 시작하자. 다음 슬라이드부터는 자연스럽게 PPT와 청중을 적절히 번갈아 보면 된다.

이를테면 어려운 용어, 복잡한 도식이나 도표, 통계 등은 PPT를 보면서 말하고, PPT에 없는 내용을 부연 설명할 때는 청중과 눈 맞춤하면서 말한다. PPT 없이 기념사나 축사, 연설문 등 준비한 원고를 보면서 말해야 하는 상황도 있다. 이럴 때도 마찬가지로 원고와 청중을 번갈아가면서 보면 된다. 원고를 보면서 읽는 데 집중하다가 중요한 부분에서는 고개를 들어 청중을 보면서 말하는 것이 좋다. 중요한 내용을 청중에게 각인시키는 것이다. 그리고 문장이 끝날 때쯤 서술어를 미리 눈으로 익힌 다음에 자연스럽게 고개를 들어 청중을 보면서 말한다.

이때 각별히 유의할 점이 있다. 청중과 원고를 번갈아 보기 때문에 읽는 위치를 놓치면 실수할 수 있다. 그러니 한 손으로 대본에서 읽었던 부분을 짚어가면서 봐야 한다. 아나운서가 행사 사회를 볼 때도 대본(큐시트)이 있는데 이 같은 경우이다.

아나운서들은 안정적으로 시선을 움직이면서도 자연스럽게 눈 맞춤을 하면서 내용을 정확하게 전달하는 데 능숙하다. 방송이나 현장에서 아나운서가 사회 보는 모습을 볼 기회가 있다면 유심히 살펴보자. 온라인에서 직접 찾아보는 것도 좋은 방법이다. 아나운서들의 방송 영상을 주의깊게 보는 것만으로도 큰 도움이 될 것이다.

- PPT가 준비됐을 때

1. PPT와 청중을 적절히 번갈아 본다.

2. 어려운 용어, 복잡한 도식이나 도표, 통계 등은 PPT를 보면서 말한다.

3. PPT에 없는 내용을 부연 설명할 때는 청중을 보면서 말한다.

- 원고가 준비됐을 때

1. 원고와 청중을 적절히 번갈아 본다.

2. 중요한 부분에서 고개를 들어 청중을 보면서 말한다.

3. 문장 끝에서 서술어를 미리 눈으로 익힌 다음에 고개를 들어 청중을 보면서 말한다.

제스처를 안 하면
손해 본다

●　　　　　　　　**강조, 집중, 기억, 시각효과**

가수가 노래를 부를 때 가사에 맞는 표정을 짓고 적절한 제스처를 취하는 모습을 누구나 한 번쯤 봤을 것이다. 차렷 자세로 꼿꼿하게 서서 제스처나 표정 변화 없이 노래하는 가수는 없다는 얘기다. 가수의 노랫말은 그들의 몸짓을 통해 생생하게 되살아난다. 말의 내용을 입으로만 전하는 것이 아니라 온몸으로 다채롭게 표현했을 때 훨씬 더 역동적이고 생생한 말하기가 완성된다.

　그러면 가수들은 대중 앞에 서서 발표할 때 모두 발표를 잘

할까? 노래하듯 말한다면 모든 가수가 다 잘할 것 같지만 실제로는 그렇지도 않다.

최근에 만난 문화예술인을 보고 이것을 다시 한번 느꼈다. 우리나라의 무형유산 전승자들을 대상으로 교수법 특강과 코칭을 진행했을 때였다. 그분들은 그동안 직접 공연을 선보이거나 공예작업을 하는 기능인으로만 살아왔는데, 이제 시민을 대상으로 무형유산 교육프로그램을 개발해 강의하게 된 것이다. 이분들에게 주제를 제시하고 발표 실습을 했는데, 인사부터 마이크를 쥐고 말하는 것까지 모두 생소해하셨다. 특히 제스처를 전혀 하지 않거나, 하더라도 청중의 관점이 아닌 자신에게 익숙한 방식으로 하는 분들이 많았다.

정부 사업을 수주하기 위한 경쟁입찰 프레젠테이션을 준비하는 회사 대표들을 코칭할 때도 상황은 비슷했다. 그분들 역시 손을 어떻게 해야 할지 몰라 어색해하는 분들이 많았다. 손에 땀이 나는 듯 산만하게 주먹을 쥐었다 폈다 하는가 하면, 멋쩍어서 아예 손을 움직이지 않는 경우도 있었다.

나는 이런 분들에게 "제스처를 안 하면 손해"라고 강력하게 설파한다. 전하고자 하는 말의 내용을 언어로 한 번 강조하고, 제스처로 한 번 더 강조할 수 있는 기회를 스스로 놓치는 것이기 때문이다.

예를 들어 말로만 "정말 대단해요. 최고예요!"라고 하는 것보다 엄지를 위로 들어서 제스처를 취했을 때 메시지가 더 강화된다. 그러므로 제스처를 적극적으로 활용해 강조 효과를 높여야 한다. 또한 발표가 진행될수록 초반 분위기와 다르게 청중의  집중력이 점점 흐려진다. 이때 제스처를 적절히 사용하면 흐트러진 청중의 집중력을 다시 끌어올릴 수 있다.

기억력 측면에서도 효과적이다. 영국 맨체스터대학교의 연구진은 손짓이 기억력에 어떠한 영향을 미치는가에 대한 실험을 했다. 그들은 A그룹의 사람들에게는 이야기의 내용을 묘사하는 손짓과 몸짓을 함께 사용해 이야기를 들려주었고, B그룹의 사람들에게는 이야기만 들려주었다. 10분 후 이야기의 세부 사항을 기억하는지 확인해봤는데, 손짓과 함께 이야기를 들은 그룹이 그렇지 않은 그룹보다 3배나 더 잘 기억하고 있었다.

따라서 제스처를 능동적으로 사용해야 한다. 사전에 발표 연습을 할 때도 제스처를 사용해 연습하면 발표자 본인도 실제 현장에서 제스처를 해야 할 타이밍에 말할 내용이 잘 기억난다. 듣는 사람 역시 제스처와 함께 기억된 정보가 머릿속에 더 오래 남는다.

우리는 왜 말하는가? 궁극적으로 상대에게 전할 말이 있어서다. 말하고자 하는 바를 상대에게 정확하게 전달하는 것이 일차적인 목적이다. 그렇다면 청중에게 내 말을 잘 전달할 방법을 총동원해서 목적을 이뤄야 한다.

제스처는 강조와 집중, 기억 효과 외에도 발표자가 열정적이고 자신감 있어 보이는 시각효과도 톡톡히 누릴 수 있다. 제스처를 사용하지 않고 말하는 사람은 소극적이고 밋밋한 이미지를 주는 반면, 제스처를 능숙하게 사용하는 사람은 훨씬 더 적극적이고 다채롭고 열의에 차 보이는 이미지를 준다. 열정과 자신감이 넘치는 프로다운 발표자의 제스처는 무언의 메시지로 '여러분에게 전할 말이 있습니다. 저를 믿고 주목해주세요. 이 내용은 꼭 기억해주세요'라고 청중에게 외치는 셈이다. 이런 발표자에게 더욱 호감과 신뢰감이 들 수밖에 없다.

제스처의 중요성과 효과를 너무나 잘 아는 나로서는 어떤 이유로든 제스처를 사용하지 않는 분들을 보면 몹시 안타깝다. 강조, 집중, 기억, 시각적 효과를 톡톡히 볼 수 있는 제스처는 발표에 날개를 달아주는 것과 같으니 이제부터 아낌없이 활용해보자. 강의나 연설, 발표, 프레젠테이션과 같이 대중 앞에서 말해야 하는 상황뿐만 아니라 앉아서 회의하거나 대화를 나누는 상황에서도 탁자 위에서 자연스럽게 제스처를 사용하면 좋다.

그동안 제스처가 익숙하지 않았던 사람들은 손을 올리고 팔을 뻗는 것이 무척 어색할 수 있다. 이제부터는 자신감을 떨어트리는 수동적인 제스처, 무의미하게 반복되는 산만한 제스처, 절제되지 않은 과도한 제스처 등은 지양하자. 다음 세 가지 방법을 염두에 두고 제스처가 자연스러워질 때까지 거울을 보면서 연습해보자. 그러면 머지않아 제스처를 자유자재로 구사하는 매력적인 자신의 모습을 마주하게 될 것이다.

● 이상적인 제스처의 위치

제스처는 어느 위치에서 해야 할까? 우리는 커뮤니케이션을 할 때 상대의 얼굴에 시선이 가장 많이 간다. 그러므로 얼굴

주변에서 제스처를 해야 상대의 눈에 띄고 확실하게 전달된다. 즉 얼굴을 가리지 않는 선에서 가슴과 허리 사이의 '클린턴 박스'에서 제스처를 하는 것이 좋다.

지금부터 다음의 동작을 한번 따라 해보자. 허리 위에서 양팔을 앞으로 뻗은 다음에 팔꿈치를 꺾어서 위로 세운다. 눈에 보이지 않는 박스 하나를 들고 있다고 상상하면 된다. 이 위치를 일명 '클린턴 박스'라고 부르는데 빌 클린턴 전 미국 대통령의 이름을 딴 것이다.

이러한 이름으로 불리게 된 이유가 있다. 정치계에 입문한 빌 클린턴은 연설할 때 팔을 넓게 휘두르는 습관이 있었다고 한다. 그의 이런 제스처는 청중들에게 '신뢰가 가지 않는 사람'이라는 인상을 준다는 지적을 받았다. 그는 전문가에게 조언을 구했고, 전문가의 조언에 따라 팔과 손동작의 범위를 가슴과 허리 사이로 한정했다. 그는 절제된 손의 움직임을 통해 기존의 부정적인 인상을 없앨 수 있었다.

이처럼 우리도 가슴과 허리 사이에 '눈에 보이지 않는 박

스'가 있다고 상상하면서 그 안에서 자유롭게 제스처를 사용
하면 된다.

이때 반드시 주의할 점이 있다. 팔꿈치를 몸에 붙이지 말아
야 하며, 손목이 꺾이지 않아야 한다. 그 상태로 제스처를 취
하면 매우 소극적이고 폐쇄적으로 보이기 때문에 꼭 피해야
한다. 제스처는 기본적으로 클린턴 박스 안에서 사용하되, 청
중의 규모나 공간이 커진다면 그에 맞춰 어깨 위로 손을 올려
제스처를 더 크고 적극적으로 사용하도록 하자. 제스처를 한
후에는 양손을 포개서 살짝 마주 잡은 상태의 기본자세로 다
시 돌아오면 된다.

●   **역동적인 제스처의 모양**

제스처가 낯설고 어색하면 손의 모양이 정확하지 않고 모양
새가 지저분한 경우가 많다. 가장 보기 좋은 손 모양은 엄지
를 제외한 네 손가락을 붙이는 것이다. 손바닥 전체를 활용하
는 것인데, 손바닥을 뻣뻣하게 세우기보다는 마치 농구공을
잡듯이 무언가를 살짝 감싸주는 느낌으로 곡선을 만들어주는

것이 안정감을 준다.

말할 때는 손끝을 위로 향하게 하면 훨씬 자신 있고 역동적으로 보인다. 특히 손끝에 힘을 주면서 자신 있게 밖으로 뻗어 줘야 한다. 이때 제스처는 중요한 내용을 말하는 타이밍에서 빠르게 나갔다가 말을 이어가며 자연스럽게 천천히 거둔다.

종종 너무 많은 제스처를 남발하는 사람이 있다. 지나치게 산만한 것보다는 오히려 깔끔하게 손 모양 하나만으로 다양한 변화를 주는 것이 좋다. 예를 들어 엄지를 제외한 네 손가락을 붙이고 손바닥 전체를 활용하는 손날 제스처를 한 손 혹은 양손을 사용해서 할 수 있다. 한 손을 앞으로 뻗기도 하고, 좌우 또는 상하로 뻗을 수도 있다. 양손을 가깝게 해서 동시에 왼쪽 또는 오른쪽, 가운데에서 제스처를 사용할 수도 있다. 마치 그림을 그리듯 부드럽게 할 수도 있고, 송곳같이 날카롭게 찌르는 제스처를 취할 수도 있다. 정말 쓰임새가 많지 않은가? 가장 일반적이면서 효과적인 이 손동작 하나가 다양한 제스처를 사용하는 듯한 효과를 준다.

이번에는 손가락을 이용할 수도 있다. 가장 활용도 높은 것이 손가락 제스처인데, 중요한 단어나 내용을 말할 때 검지를 펴주면 확실하게 강조된다. 그리고 하나, 둘, 셋, 첫째, 둘째,

하나, 일(1), 첫째   둘, 이(2), 둘째,   셋, 삼(3), 셋째

셋째 등 숫자를 표현할 때도 해당하는 숫자에 맞게 손가락을 접거나 펴주는 방식으로 제스처를 취할 수 있다.

이처럼 핵심 내용을 강조하거나 무언가를 가리킬 때, 감정을 드러내거나 숫자를 표현할 때 등 적재적소에 손바닥과 손날, 손가락 제스처를 잘 활용한다면, 전달력은 물론 청중에게 강렬한 인상을 남길 수 있다.

● 청중이 보는 제스처의 방향

제스처의 위치와 모양까지 잘 익혔다면 이번에는 방향에 신경을 써보자. 몇 년 전 국내 한 공기업에서 직무강의를 진행

몸으로 말하면
오래 기억한다

하는 사내 교수를 대상으로 코칭을 한 적이 있다. 그 가운데 절반 이상이 제스처의 방향을 무시한 채 손동작을 쓰는 모습이 포착됐다. 이들은 모두 자신에게 익숙한 방향으로 제스처를 취했기 때문에 청중의 관점에서는 제스처에 담긴 메시지가 전혀 전달되지 않았다.

대표적으로 숫자를 표현할 때 이런 실수가 자주 발견된다. 예를 들어 숫자 2를 검지와 중지를 펴서 제스처를 취하는데, 청중이 발표자를 바라보는 방향으로 펼치지 않는 것이다. 그래서 청중이 볼 때는 숫자 2가 아니라 손가락 두 개가 겹쳐서 1로 보인다.

〈자주 사용하는 제스처 1〉

〈자주 사용하는 제스처 2〉

1 최고의 찬사 혹은 강한 긍정 엄지손가락을 들어올린다.

2 단합의 의미, 공통된 의견을 모을 때 양손을 모은다.

3 결심 혹은 각오 양손을 모으거나 한 손에 주먹을 쥐로 말한다.

4 대중의 호응을 유도할 때 두 손을 머리 위로 들거나 양손을 크게 벌려 이목을 집중시킨다.

5 중요한 단어를 강조할 때 손가락으로 무언가를 가리키거나 혹은 무언가를 잡는 듯한 제스처를 취한다.

6 동의하지 않거나 의문스러울 때 손바닥이 하늘을 보게 하고 어깨를 살짝 올린다.

7 강한 부정을 표현할 때 양손으로 가위 표시를 한다. 격한 부정을 드러낼 때는 손을 강하게 좌우로 흔든다.

발표자는 자신이 제스처를 할 때 청중이 바라보는 방향에서 이 제스처가 어떻게 보이는지 항상 생각해야 한다. 그렇지 않으면 제스처의 방향이 어긋나기 때문에 제대로 전달되지 않는다.

만약 발표 중에 "여러분, 오른쪽을 봐주십시오"라고 말하며 오른손으로 제스처를 취한다면 이것 역시 제스처의 방향이 잘못된 것이다. 발표자의 오른손은 청중이 바라볼 때 왼쪽이기 때문이다. 이때는 발표자가 제스처를 왼손으로 취하거나 "여러분이 보시는 방향에서 오른쪽을 봐주십시오"라고 언질을 줘야 한다.

이렇게 방향까지 신경 쓰는 것이 다소 어렵고 복잡하다고 느껴질 수도 있다. 하지만 청중을 배려하지 않는 발표자 중심의 말하기는 실패로 끝난다는 사실을 잊지 말자.

끝으로 제스처를 잘하기 위한 마지막 팁을 주자면, 대중 앞에서 말 잘하는 인물로 손꼽히는 사람들을 보고 배우라는 것이다. 지금 당장 인터넷 포털사이트에 버락 오바마, 빌 클린턴, 스티브 잡스, 빌 게이츠, 오프라 윈프리 등의 이름을 검색하면 능숙하게 제스처를 취하는 그들의 사진이 많이 나온다.

어느 누구도 제스처를 소극적으로 취하는 사람이 없다. 제스처가 깔끔하고 적극적이다. 제스처에서 힘이 느껴지고 열정이 뿜어져 나온다. 말 잘하는 사람은 '말'로만 말하지 않는다. 자신의 몸짓언어를 잘 활용할 때 말의 전달력과 설득력을 한층 높인다는 사실을 잊지 말자.

말을 잘하는 사람은
전략적으로 움직인다

● **무대는 발표자에게 주어진 최고의 여건이다**

여러 사람 앞에서 말하는 것이 힘든 사람들은 발표를 시작할 때부터 끝날 때까지 한곳에 머무르는 경향이 있다. 그곳을 벗어나면 큰일이라도 나는 것처럼 그 자리에서 단 한 걸음도 움직이지 않는다. 그들에게는 그것이 조금도 이상한 일이 아니다. 그런데 청중의 관점에서 보면 어떨까? 청중에게는 발표 내내 같은 풍경만 계속 봐야 하는 것과도 같다. 얼마나 지루한 일인가?

발표자가 무대 이동 없이 같은 곳에서만 발표를 지속하면 청중은 지루함을 느끼고 집중력이 떨어질 수밖에 없다. 발표자는 청중을 위해서 무대를 크고 넓게 써야 한다. 유능한 발표자는 절대 한 자리에 서서 말하지 않는다. 무대는 발표자가 마음껏 활용할 수 있는 외적 환경이다. 자신에게 주어진 여건을 제대로 활용하지 않는 것은 손해를 보는 일이다. 넓은 거실을 두고 왜 자기 방에서만 생활하는가? 방에서 나와 거실을 활보하듯 이제는 과감하게 무대를 적극적으로 활용할 수 있어야 한다.

아무 전략과 계획 없이 무의미하게 이리저리 무대를 휘젓고 다니라는 것이 아니다. 무대 위에서는 전략적인 동선이 필요하다. 다음에 나오는 두 가지 방법을 잘 익히면 훨씬 노련해 보이고 청중이 발표자에게 더 집중하게 될 것이다.

나는 교육생들에게 무대에서 종횡무진(縱橫無盡)하라고 주문한다. '종횡무진'은 자유분방하게 가로세로로 이리저리 마음대로 뛰어다닌다는 뜻의 '종횡(縱橫)'과 끝이 없고 제한이 없다는 뜻의 '무진(無盡)'이 합쳐진 말이다. 기운차게 뛰어다니며 활약하는 모습을 의미하는 말인데, 이제는 동선을 잘 살려 무대에서 멋지게 종횡무진해보자. 무대를 장악할 수 있는 사람이 유능한 발표자가 될 수 있다.

종(縱)으로 움직이는 세로 본능

발표할 때 세로, 즉 전후로 움직여야 하는 상황이 있다.

첫 번째는 중요한 내용을 강조할 때다. 무언가 강조할 것이 있으면 무대 앞쪽으로 더 나와서 청중에게 다가가 이야기하는 것이다. 제자리에 머물러서만 계속 말하면 어떤 내용이 더 중요한지, 그렇지 않은지 바로 파악하기가 어렵다. 청중이 말의 중요도를 직관적으로 느낄 수 있도록 동선을 짜는 것이다. 사실 우리는 대화를 나눌 때도 이미 이렇게 하고 있다. 중요한 얘기가 있으면 상대에게 더 가까이 다가가서 이야기하지 않는가. 이것처럼 발표에서도 전후 동선을 활용하는 것이다. 앞으로 걸음을 옮겨서 중요한 내용을 말하고, 다시 본래 서 있던 자리로 돌아오면 된다.

두 번째는 청중과 소통할 때다. 무대와 객석의 거리가 멀거나 무대의 높이가 상당하다면 청중에게 다가가서 직접적으로 소통하기가 어렵다. 그럴 때는 무대 위에서만 전후 동선을 가진다. 그러나 객석의 거리가 멀지 않고 무대와 객석의 높이 차이가 없다면 더 자유롭게 청중과 소통하는 것이 좋다.

청중에게 질문을 건넨다든지 다가간다든지 할 때 상대를

향해서 앞으로 몇 걸음 이동하면 된다. 상대의 바로 앞까지 갈 필요는 없다. 너무 가까이 가면 오히려 상대가 더 부담스러워할 수 있다. 단지 청중과의 심리적 거리를 좁히기 위해 물리적으로 다가가는 모습을 보여주는 것이다. 특히 뒷자리에 앉은 청중일수록 발표에 관심이 없고 적극성이 떨어진다. 그러니 전후 동선을 잘 활용하면 청중이 잠시 딴생각을 하거나 졸았더라도 자신에게 다가오는 발표자의 모습을 보고 다시 정신을 차리고 집중할 수 있는 효과가 있다.

●   **횡(橫)으로 움직이는 가로 본능**

이번에는 가로, 즉 좌우로 움직여야 하는 상황에 대해 알아보자. 바로 소주제가 바뀔 때다. 큰 틀의 발표 주제 안에는 여러 개의 소주제가 있다. 예를 들면 1장을 말하다가 2장으로 전환될 때와 같이 소주제가 바뀔 때 자리를 옆으로 이동해서 말을 이어가는 것이다. PPT가 준비된 발표라면 이때 1장이 끝나자마자 자연스럽게 옆으로 걸음을 옮기면서 다음 슬라이드를 넘기면 훨씬 매끄럽다. 이렇게 한 장이 넘어갈 때마다 오

〈전략적인 동선 활용〉

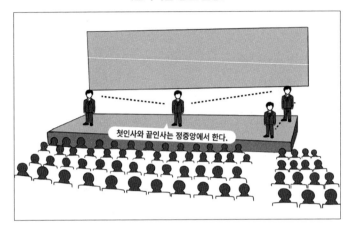

첫인사와 끝인사는 정중앙에서 한다.

른쪽, 왼쪽 좌우 동선을 잘 활용하면 좋다.

만약 좌우로 이동하지 않고 한 자리에서만 발표하면 청중의 관점에서는 정지화면을 보는 듯한 느낌이 들 것이다. 무척지루하고 집중력이 흐려질 수밖에 없다. 심한 경우 조는 사람이 속출할 수 있다.

연극이나 뮤지컬을 한번 떠올려보자. 배우들은 표정과 몸짓은 물론 무대 전체를 활용해 관객들이 그들의 연기에 몰입하게 만든다. 관객들을 완전히 매료시키는 것이다. 발표도 이와 같다. 말하고자 하는 내용이 청중에게 잘 전달되고 기억되려면 청중이 발표를 집중해서 들을 수 있어야 한다. 발표 주제에 깊은 관심이 있는 사람들이나 맨 앞에 앉은 사람들은 스스로 집중해서 듣지만 그렇지 않은 사람들이 훨씬 더 많다. 그리고 초반에는 몰입해서 들었더라도 인간의 집중력에는 한계가 있기에 시간이 흐르면 집중력이 흐트러지기 마련이다. 그러니 발표자가 청중의 입장을 충분히 고려해 동선을 살려서 지루할 틈을 주지 않아야 한다.

발표자가 움직이면 청중은 관심이 생기고 집중한다는 사실을 잊지 말자. 미리 동선을 어떻게 짤지 계획하고 충분히 사전 연습을 한다면, 노련하고 유능한 발표자로 청중에게 기억될 것이다.

CHAPTER 6

감정

감정을 실어
말하면 공감한다

"인쇄 매체는 느낌의 전달에 한계가 있지만,
언어는 느낌의 전달이 가능하다."

– 도올 김용옥

감정 표현도
훈련의 결과다

● **꺼진 감정의 불씨 되살리기**

회사 사람들과 같이 지내는 게 힘들다는 10년 차 직장인이
있었다. 동료들과 딱히 사이가 나쁜 것은 아닌데, 단지 자기
가 볼 땐 별로 재미없는 얘기인데 서로 깔깔대며 웃는 게 전
혀 공감이 안 된다는 것이다.

　나는 그가 말하는 모습을 유심히 관찰하며 끝까지 경청했
다. 동료들끼리는 관심사나 성향이 다르면 서로 안 맞기도 하
고 친밀한 사이로 발전되지 않는 경우가 상당히 많다. 회사
사람과 꼭 가깝게 지내야 하는 것도 아니다. 그런데 그가 말

하는 모습은 차분함을 넘어서 감정이 많이 소진된 느낌이었고 의욕이 없어 보였다.

이것은 비단 그만의 고민은 아니다. 기업 특강을 갈 때마다 비슷한 사연을 가진 분들이 꼭 있다. 회사에 막 입사했을 때는 신입의 열정과 패기가 넘쳤는데 연차가 쌓일수록 점점 감정이 메말라간다며 고민하는 분들이 생각보다 많다.

일단 정신적으로 많이 지쳤다면 우선은 휴식을 취하고 에너지를 충전하는 것이 필요하다. 에너지가 있어야 상대에게도 좋은 기운을 줄 수 있고, 감정 표현도 할 수 있다. 인간은 혼자 살 수 없는 사회적 동물이다. 다른 사람과 관계를 맺고 소통하려면 서로의 생각과 감정을 주고받아야 한다. 이것은 일상의 대화뿐만 아니라 상담이나 업무미팅, 회의, 영업, 공식적인 발표에서도 마찬가지다. 사람이 많을수록 더 큰 에너지와 감정 교류가 필요하다.

에너지가 넘치는 사람은 상대가 무슨 말을 하면 "어머, 정말요?" "우와~ 잘됐다" "멋져요!" 이렇게 표현을 성심성의껏 잘해준다. 이들은 언어적인 표현력도 좋지만 무엇보다 말 속에 감정이 깃들어 있다. 반면에 감정이 소진되었거나 표현에 서툰 사람들은 겉으로 자신의 감정을 드러내지 않기 때문에 여러 사람 앞에서 말하는 것이 더욱 어려울 수밖에 없다. 그러므로 자신의 감정을 알아차리고 꺼진 감정의 불씨를 다시 되살려야 한다.

● 경험은 감정을 길어올리는 수단

다음은 내가 교육생들과 실제로 하는 감정 훈련 방법이다. 하루가 다르게 변하는 지금의 현대 사회에서는 많은 사람이 현실에 치여 당장 주어진 일을 하며 살다 보니 자신의 감정을 돌볼 기회가 별로 없다. 따라서 감정 훈련은 본연의 자기감정을 되살리고 사람들과의 인간적인 공감대를 형성하는 데 도움이 된다. 더 나아가 내가 무엇을 경험했고 어떤 감정을 느꼈는지 아는 것은 나 자신을 이해하는 데도 중요한 실마리가 된다. 그래서 여러 사람 앞에서도 '나'로서 당당하게 말할 수 있게 된다.

방법은 간단하다. 먼저 욕구가 충족되었을 때 느끼는 긍정적 감정 단어를 보고, 내가 언제 이런 감정을 느꼈는지 경험을 떠올린다.

나는 '평화로움'이라는 단어를 볼 때 부산으로 특강을 갔던 경험이 떠오른다. 당시 나는 특강 3시간 전에 여유 있게 도착해 부산 광안리에 잠시 들렀다. 광안리가 눈 앞에 펼쳐지는 고층의 카페에 올라가 차 한 잔을 마셨다. 그날은 유달리 햇살이 눈부시게 빛났고, 나는 바다 위로 반짝이는 윤슬(햇살이 햇빛이나 달빛에 비치어 반짝이는 잔물결)을 하염없이 바라보았다. 그때의 감정이 무척 평화로웠다.

어떤가? 지금 나의 경험을 들으니 그때의 광경이 상상되고 평화로워지는 느낌이 들지 않는가? 내가 겪은 경험 안에는 그때 느꼈던 감정들이 녹아 있다. 경험은 감정을 길어올릴 수 있는 아주 좋은 수단이다. 이런 방법으로 감정 훈련을 하면서 나조차 몰랐던 나의 감정, 잊었던 감정들을 좋은 기억과 함께 꺼내보자. 감정과 경험을 간단히 적어보면 좋다.

욕구가 충족되었을 때		욕구가 충족되지 않았을 때	
평화로운	재미있는	성난	안절부절못하는
편안한	생기가 도는	격노한	풀이 죽은
평온한	기운이 나는	화가 난	귀찮은
마음이 넓어지는	원기 왕성한	냉랭한	기운이 빠지는

너그러워지는	매료된	분개한	맥 빠진
긴장이 풀리는	흥미가 있는	억울한	뒤숭숭한
진정되는	궁금한	언짢은	당혹스러운
안도감이 드는	전율이 오는	초조한	얼떨떨한
호기심이 드는	유쾌한	조급한	혼란스러운
고요한	통쾌한	서운한	불안한
느긋한	놀란	섭섭한	마음이 두 갈래인
흐뭇한	감격스러운	슬픈	거북스러운
흡족한	벅찬	실망한	마비가 된 듯한
고마운	용기 나는	낙담한	경직된
감사한	개운한	무기력한	암담한
반가운	뿌듯한	지겨운	막막한
든든한	후련한	외로운	수줍은
다정한	만족스러운	아픈	걱정스러운
부드러운	자랑스러운	비참한	근심스러운
행복한	짜릿한	허전한	긴장된
수줍은	신나는	공허한	압도된
기쁜	산뜻한	두려운	놀란
황홀한	즐거운	겁나는	부끄러운
무아지경의	기대에 부푼	불안한	좌절한

흥분되는	희망에 찬	피곤한	짜증 난
		지친	부러운
		지루한	아쉬운

B.Rosenberg, Mashall B(2003). A Language of Life : Nonviolent Communication

나의 감정	나의 경험
평화로움	부산 특강, 광안리, 고층 카페, 윤슬

같은 말도
다채롭게

●   **감정 표현이 서툰 사람의 음성적 특징**

감정 표현이 서툰 사람들에게는 크게 두 가지 음성적 특징이 있다. 첫째는 톤이 단조롭다는 것이고, 둘째는 감정이 드러나지 않는다는 것이다.

   감정을 드러내지 않고 말하니 무슨 생각을 하는지 가늠하기도 어렵다. 한마디로 말해서 무색무취의 느낌이다. 그러니 다양한 톤을 구사하고 여러 상황에서의 감정을 다채롭게 표현하는 연습을 해야 한다.

   말은 같은 내용이라도 톤과 감정, 말투에 따라 의미가 확연

감정을 실어
말하면 공감한다

히 달라진다. 말투 하나로 기분이 좋아지기도 하고 나빠지기도 하는 이유가 다 이 때문이다.

예를 들어 밝은 톤과 상냥한 말투로 "여보세요?"라고 말하면 반가움이나 환영의 의미이지만, 낮은 톤과 퉁명스러운 말투로 "여보세요?"라고 말하면 귀찮음과 성가심의 의미를 나타낸다. 따라서 상황별로 톤과 감정의 차이가 느껴지도록 연습해야 한다.

처음에는 당연히 어색하고 부끄러울 것이다. 실제로 코칭을 받는 교육생들도 감정 표현을 연습할 때 처음에는 선뜻 나서질 못하고 쑥스러워한다. 그러다가 조금씩 재미를 느끼기 시작하고, 나중에는 배우 못지않은 연기력을 뽐내며 주위 사람들의 박수와 환호를 받기도 한다.

자신의 말에 감정이 깃들어 있는가? 다양한 톤과 감정의 변화가 느껴지는가? 이것이 핵심이다. 연습만 한다면 누구나 다 할 수 있다. 반복적으로 연습하면 그동안 억눌려온 감정들이 어느새 하나씩 꺼내질 것이다.

- 안녕하세요? 반갑습니다. (차분하게)
- 안녕하세요? 반갑습니다. (반갑게)
- 안녕하세요? 반갑습니다. (흥분하며)
- 안녕하세요? 반갑습니다. (절도 있게)

- 야! (애교를 부리며)
- 야! (깜짝 놀라게 하며)
- 야! (경고하듯이)
- 야! (윽박지르며)

- 여보세요? (상냥하게)
- 여보세요? (되묻듯이)
- 여보세요? (귀찮은 듯이)
- 여보세요? (퉁명스럽게)

- 뭐? 아직도 안 왔다고? (건성으로)
- 뭐? 아직도 안 왔다고? (걱정하며)
- 뭐? 아직도 안 왔다고? (짜증 내며)

- 어? 혹시 ○○○ 아니세요? (며칠 만에 만나서)
- 어? 혹시 ○○○ 아니세요? (몇 달 만에 만나서)
- 어? 혹시 ○○○ 아니세요? (몇 년 만에 만나서)

강조해서
말하라

●   **강조법을 잘 활용하면 사람들이 집중한다**

말을 잘하는 사람들은 흡입력이 있다. 흡입력은 자신의 이야기 속으로 사람들을 빠져들게 만드는 힘이다. 청중의 귀를 사로잡아 깊이 몰입시킨다. 그 비결은 바로 완급조절이다. 어떤 사람의 말은 지루하고 집중이 안 되는 데 반해 어떤 사람의 말은 시간 가는 줄 모르고 듣게 되는 것이 바로 이 차이이다.

완급조절의 핵심은 '변화'이다. 강조하는 내용과 그렇지 않은 내용이 확실하게 구분되게 말해야 한다.

처음부터 끝까지 톤이 단조롭거나 속도가 일정하면 매우 지루하고 집중이 안 된다. 계속 큰 목소리로만 말하면 시끄럽고 금방 피로해지며, 계속 작은 목소리로만 말하면 내용이 귀에 안 들어오고 졸음이 온다. 사람마다 고유의 톤이 다르고 성량의 차이가 있지만 말에 '변화'를 주는 것이 가장 중요하다.

강의할 때 사람들에게 이렇게 질문하곤 한다. "혹시 고객센터에 문의 전화를 할 때 녹음된 기계음을 듣고 친절하다고 느끼시는 분 있나요? 기분 좋으신가요?" 지금까지 이 질문에 '그렇다'라고 대답한 사람은 단 한 분도 없었다.

변화가 없는 일정한 목소리로 말하면 그 어떤 감흥도 생기지 않는다. 경쾌한 톤으로 상냥하게 말하는 상담원, 안정감 있는 중저음의 톤으로 신뢰감을 주는 상담원, 고객이 알아들을 수 있게 천천히 말하는 상담원… 우리는 사람에게 반응하고 감동을 받는다. 우리는 사람과 소통하는 것이기 때문에 감정을 담아 중요한 부분을 강조해서 말해야 한다.

강조하는 내용은 청중이 느낄 수 있을 정도로 확실하게 표현해야 한다. 이제 흥겨운 노랫가락, 구슬픈 노랫가락에 인간의 감정이 출렁이듯이 청중과의 감정 교류를 위해 다양한 강조법을 활용해보자. 대표적인 다섯 가지 강조법을 잘 익히면 말에 흡입력이 생기는 놀라운 경험을 하게 될 것이다.

(큰 강조)크게 힘주어 말하기

중요한 내용에서 크게 힘주어 말하는 '큰 강조'가 있다. 중요한 핵심을 말할 때 목소리 톤을 살짝 올리고 성량을 키워서 강조해주는 것이다.

열정적인 연설가나 강연자, 발표자가 자주 사용하는 강조법이다. 나의 주장이나 의견을 강력하게 개진하고 설득할 때, 많은 사람의 동의와 지지를 구할 때, 미래 지향적인 희망의 메시지를 전할 때 등의 상황에서 적용하면 효과적이다. 또한 연말이 되면 각 방송사의 다양한 시상식에서 큰 강조로 수상자를 호명하는 모습을 확인할 수 있다. 단, 큰 강조로 말할 때는 목으로 지르는 거친 소리가 아니라 복식 발성으로 크고 울리는 힘찬 목소리를 내야 한다.

밑줄 친 내용을 복식 발성으로 힘 있게 말해보자.
(밑줄 치지 않은 부분과 차이 나게 말하는 것이 핵심이다.)

- 나는 반드시 성공할 것입니다.
- 긴장하지 않으려면 완벽하게 하려는 욕심을 버려야 합니다.
- 발표자로서 항상 자신감과 여유를 가져야 합니다.

● (작은 강조)작게 속삭이듯 말하기

중요한 내용에서 작게 속삭이듯 말하는 '작은 강조'가 있다. 오히려 힘을 빼서 중요한 핵심을 강조하고 주목시키는 효과가 있다.

마치 비밀을 알려주는 것처럼 '있잖아…' '이거 나만 아는 얘긴데…'와 같은 분위기를 자아내는 것이다. 그러면 중요한 이야기를 놓칠세라 청중이 되려 귀를 쫑긋 세우고 집중하는 효과를 낼 수 있다.

또한 안타까운 사연이나 절망적인 미래 전망 등 분위기를 가라앉히고 말해야 하는 내용에 '작은 강조'를 적용하는 것도 효과적이다. 단, 청중이 못 알아들을 정도로 작게 하진 않도록 주의하자.

밑줄 친 내용을 속삭이듯 작게 말해보자.

(밑줄 치지 않은 부분과 차이 나게 말하는 것이 핵심이다.)

- 여러분, 잠시 저를 봐주시겠습니까?
- 지금부터 제가 중요한 얘기를 해드릴게요.

● (느린 강조)느리게 천천히 말하기

중요한 내용에서 말을 느리게 천천히 말하는 '느린 강조'가 있다. 처음부터 끝까지 느리게 말하면 듣는 사람이 답답하고 지루해진다. 다시 한번 강조하지만, 중요한 내용에서만 확실하게 속도의 변화를 주어야 한다.

교통방송을 진행하던 시절 내가 자주 사용한 강조법이다. 교통방송에는 지명이나 도로명, 교통용어가 많이 등장한다. 이럴 때 천천히 한 글자씩 짚어주듯이 말하면 발음도 꼬이지 않고, 듣는 사람도 잘 알아듣게 된다. 누구나 알고 있는 내용, 중요하지 않거나 쉬운 내용은 빠르게 말하고 청중이 모르거나 어려운 내용, 생각이 필요한 복잡한 내용, 특수한 말이나 전문용어, 숫자, 지명, 인명, 연대 등은 속도를 늦춰서 천천히 말하면 된다.

강조법은 한 단어에 꼭 한 가지만 쓰는 것은 아니다. 큰 강조와 느린 강조를 같이 쓰는 경우도 많다. 연말 시상식 수상자를 호명할 때나 로또 방송에서 당첨 번호를 밝힐 때 '큰 강조'와 '느린 강조'를 같이 쓰기도 한다. 이럴 때는 목소리에 힘을 주어 크게, 천천히 말하면 된다.

✔ 느리게 천천히 말해야 하는 경우

• 강조해야 하는 중요한 내용

• 청중이 모르는 내용

• 이해하기 어려운 내용

• 생각이 필요한 복잡한 내용

• 특수한 말이나 전문용어

• 숫자, 지명, 인명, 연대 등

밑줄 친 내용을 느리게 천천히 말해보자.

(밑줄 치지 않은 부분과 차이 나게 말하는 것이 핵심이다.)

• 발표의 목적은 전달과 설득입니다.
• 발표는 내용 구성, 시각화, 전달 크게 세 단계를 거칩니다.

● (긴 강조)음절을 길게 말하기

중요한 내용에서 음절을 길게 늘이며 말하는 '긴 강조'가 있다. 일반적으로 형용사나 부사 등 꾸며주는 말을 강조할 때 많이 사용하는 강조법이다. 음절을 길게 늘일수록 의미가 강해지고, 감정을 더 실감 나게 표현할 수 있다. 예를 들면 "나 이거 진짜 싫어" "나 정말 행복해"라고 말하는 것보다 "나 이 거 진~~짜 싫어" "나 정~~말 행복해"라고 할 때 말하는 사 람의 감정 상태를 확실하게 알 수 있다.

코칭을 받으러 오는 분들 가운데 평소 무뚝뚝하고 감정표 현이 서툰 사람들은 긴 강조를 어려워한다. 이런 분들에게는 [나 이거 지이인짜 시러] [나 저어엉말 행보캐]와 같이 발음 표기를 써서 그대로 읽어보시라고 특별 요청을 드린다. 그러 면 점차 감을 잡고 긴 강조를 소화해낸다. 처음에는 조금 과 하게 음절의 길이를 길게 해서 연습하는 것이 좋다. 익숙해 지면 살짝만 길게 해도 말에 리듬감이 생기고 부드럽게 강조 된다.

밑줄 친 내용을 길게 늘여서 말해보자.
(밑줄 치지 않은 부분과 차이 나게 말하는 것이 핵심이다.)

• 발표를 정~말 잘하고 싶으신가요?
• 사람들 앞에만 서면 너~무 떨립니다.
• 올해는 전년 대비 높~은 성장률이 보입니다.

● (침묵 강조)잠시 멈추고 말하기

중요한 내용 앞에서 잠깐 멈추고 말하는 '침묵 강조'가 있다. 그림에도 여백의 미가 중요하듯, 말에도 여백의 미가 필요하다. 중요한 말을 곧바로 내뱉지 않고 잠시 쉼^{pause}을 가진 후에 말하는 것이다.

발표나 강연 등 공적 말하기 경험이 부족한 사람은 준비한 내용을 일방적으로 쏟아내기 급급하지만, 노련한 사람은 말을 잠시 멈춰 청중의 호기심과 기대감을 한껏 끌어올린다. 다음에 이어질 내용에 집중하게 되고, 말에 힘이 실리게 된다.

말을 잘하는 사람일수록 침묵 강조에 능숙하다. 중요한 단어 앞에서는 짧게 쉼을 가지고 구와 구, 절과 절, 문장과 문장, 단락과 단락 사이는 긴 쉼을 줌으로써 긴장감을 조성하고 청중을 더욱 집중시킬 수 있다. 보통 2~3초 정도 쉬는 것이 일반적이지만 현장의 분위기에 따라 화자가 적절한 타이밍을 보고 말을 이어가면 된다.

뛰어난 연설가로 손꼽히는 버락 오바마 미국 전 대통령은 애리조나 참사 추모 연설에서 무거운 51초간의 침묵 후 다시 연설을 이어갔던 적이 있다. 이때 51초의 침묵은 취임 이후 최고의 연설이었다는 찬사를 받았다. 이 경우는 총기 난사로 목숨을 잃은 희생자를 위한 추모 연설이라는 이례적인 상황이었지만 침묵의 힘을 제대로 보여준 사례이다.

빗금(//) 친 부분에서 잠시 멈추었다가 말해보자.
(잠시 멈추는 순간을 느끼면서 말하는 것이 핵심이다.)

- 저는 여러분이 행복하시길 // 진심으로 바랍니다.
- 변화는 말을 잘하고 싶으십니까? // 진심으로 그렇다면, 이것만은 꼭 기억하세요.

강조법은 한 단어에 꼭 한 가지만 쓰는 것은 아니다. 내가 코칭을 할 때 교육생들에게 자주 연습시키는 것이 있다. 앞서 큰 강조에서 언급했던 연말 시상식 수상자를 호명할 때 세 가지 강조법을 동시에 적용하는 것이다.

예를 들어 "제○○회 대한민국 방송연예대상 영예의 대상은 // ○ ○ ○!"이라는 문장에서 '영예의 대상은' 부분은 큰 강조, 수상자를 호명하기 전에는 침묵 강조, 수상자를 호명할 때는 큰 강조와 느린 강조를 함께 쓸 수 있다.

이제부터 대상과 상황에 따라 다섯 가지 강조법을 적절하게 활용해 청중과 감정을 나누고 자신의 이야기 속으로 끌어당기자.

감정 표현을 극대화하라

감정을 고조시켜라

영화와 드라마에는 관객의 감정을 자극하기 위해 숨겨놓은 장치들이 있다. 이를테면 극적 반전이라든가 영화음악 같은 것이다. 배우들의 뛰어난 감정 연기도 한몫해 관객들의 감정이 고조된다. 그래서 배우들의 연기에 관객들이 기뻐하기도 하고, 눈물을 흘리기도 하는 모습을 쉽게 찾아볼 수 있다.

배우 못지않게 스포츠 현장의 생생함을 전해주는 사람이 스포츠 캐스터다. 스포츠는 각본 없는 드라마라고 할 만큼 현장의 변수가 많이 작용한다. 그래서 심판이 종료 휘슬을 불

때까지 결과를 예측할 수 없다. 그런 박진감을 가지고 아래 스포츠 뉴스 원고를 연습해야 감정을 고조시킬 수 있다. 밋밋하게 읽는 것이 아니라 마치 경기장에 와 있는 듯한 착각이 들 정도로 활기차게 내용을 전달하는 것이 핵심이다.

데일 카네기는 "사람을 이끌 때 사람이 논리적으로 창조되지 않았다는 것을 명심해야 한다. 우리는 감정을 가진 창조물을 상대하는 것이다"라고 말하며 일찍이 감정의 중요성을 알렸다. 이처럼 우리가 사람을 상대로 말하고 소통할 때 감정을 고조시킬 수 있는 능력을 갖춘다면 상대의 공감을 얻을 수 있다.

> 끝까지 포기하지 않은 투혼이 만들어낸 기적 같은 역전승!
> 그것도 단 3분 만에 모든 게 이뤄졌습니다.
>
> 우리 청소년 축구대표팀이 나이지리아와의 2차전에서
> 짜릿한 대역전극을 벌이면서
> 16강 진출의 희망의 불씨를 살렸습니다.
>
> 하루 종일 우리를 기분 좋게 만들었던 그 장면을
> 다시 한번 확인해보시죠!
>
> -방송사 스포츠 뉴스

● 성우처럼 감정 이입해 감정 훈련하기

이제는 자신이 성우가 되었다고 상상하며 연습해보자. 성우는 영어로 voice actor이다. 말 그대로 목소리로 연기하는 사람이다.

예전에 한 방송 프로그램에서 성우들이 더빙하는 현장을 찾아간 적이 있다. 성우들은 목소리로만 연기하는 줄 알았는데 예상과 달리 영상에 등장하는 캐릭터의 표정과 몸짓을 따라 하며 감정 표현을 극대화하고 있었다. 놀랍게도 녹음된 음성을 들었을 때 훨씬 감정이 두드러지게 느껴졌다.

다음 원고를 성우처럼 감정이입을 해 실감 나게 표현해보자. 말 잘하는 사람들은 감정 표현이 풍부하고, 생생하게 말한다. 자신의 감정을 잘 표현할 수 있기에 언제 어디서나 청중 앞에서 자신 있게 말할 수 있는 것이다. 이러한 감정 훈련을 통해서 그동안 무색무취였던 내 음성에 다채로운 색을 입혀주면 훨씬 매력적으로 말할 수 있다.

대한사회복지회에서 사랑이를 처음 만난 날
떨리던 마음을 잡아준 건 사랑이의 작은 두 손이었습니다.
지금, 우리 가족은 세상에서 가장 큰 행복을 찾았습니다.
입양, 이제 기쁨입니다.

상담 1577-5115
대한사회복지회

-대한사회복지회 〈입양은 기쁨〉 편

여: 오빠, 다이소다~.
남: 보라야, 무슨 물건을 가격 확인도 안 하고 막 담니?
여: 오빠, 우리 헤어지자.
남: 뭐? 너 무슨 그런 얘길 다이소에서 하니?
여: 알뜰 쇼핑의 천국 다이소를 모르는 남잔 필요 없어!
남: 우와! 이렇게 새롭고 다양한 상품들이 정말 이 가격이라
  고?!
여: 그럼~ 맨날 오고 싶어.
남: 보라야, 우리 여기서 살자.
여: 응~.

생활의 발견, 다이소.

-다이소 〈생활의 발견〉 편

감정을 실어
말하면 공감한다

여: 초롱아, 생일 축하해~.
남: 초롱아, 졸업 축하해~.
여: 초롱아, 결혼 축하해~.

여: 기억하시나요?
　　밤새워 썼던 그때 그 카드, 그 설렘…
　　이제 초롱불 카드로 다시
　　그 감동을 전해보세요.

마음을 전할 땐 초롱불 카드.

-초롱불 카드 〈초롱아~〉 편

말에 리듬을
넣어라

●   **'고저장단'의 음악적 요소**

"말할 때 감정이 안 느껴져요. 너무 감정이 없어요." "영혼 없이 너무 딱딱하게 말하는 것 같아요." 혹시 주변에서 이런 말을 들어본 적이 있는가? 교육생 중에 한 분이 자꾸 주변에서 이런 말을 들으니까 스트레스를 많이 받는다고 고민을 토로하셨다.

이런 이야기를 듣는 이유는 말에 생동감(生動感)이 없기 때문이다. 생동감은 날 생(生), 움직일 동(動), 느낄 감(感)으로 이루어진 한자로, 생기 있게 살아 움직이는 듯한 느낌이라는 뜻이다. 내가 코칭을 할 때 중요하게 생각하는 점 중의 하나가 '생동감 있게 말하기'다.

우리는 감정을 가진 사람이다. 그런데 말에 감정이 느껴지지 않는다면 기계와 다름없지 않은가. 말에 생동감이 있어야 말하는 자신도 기분이 좋고, 듣는 사람도 기분이 좋아진다. 생동감 있게 말하려면 규칙적인 음의 흐름, 즉 리듬^{Rhythm}이 있어야 한다. 높고 낮음이 없이 일정하게 말하면 마치 책을 읽는 것 같이 딱딱하고 단조롭다. 듣는 사람이 매우 지루하게 느낄 수밖에 없다.

지금부터 소개하는 말의 리듬을 살리는 방법을 따라 해보자. 이렇게 하면 훨씬 더 감정 표현이 살아나 생동감 있게 말할 수 있고, 상대의 공감까지 끌어낼 수 있다.

말은 음악과 유사하다. 음악에는 리듬이 있고, 리듬은 일정한 규칙에 따라 반복되는 움직임을 뜻한다. 그래서 '고저장단'의 음악적 요소를 말에 넣으면 생동감이 생긴다. 특히 키워드에 고저장단을 넣어 리듬을 살려주면 된다.

생동감 있게 말을 잘하는 대표적인 사람은 날씨를 예보하는 기상캐스터다. 아나운서들은 일정한 중저음의 톤과 음조로 신뢰감 있게 말하지만, 기상캐스터들은 밝은 톤으로 말에 리듬을 살려주면서 생동감 있게 말한다. 그래서 기상 원고를 이용해 고저장단을 연습하면 생동감 있게 말하는 방법을 빠르게 익힐 수 있다. 지금부터 기상캐스터처럼 노래하듯이 말해보자.

● 노래하듯 말하는 훈련

먼저 다음 원고에서 키워드를 찾아보자. 키워드는 문장에서 꼭 필요한 내용으로, 키워드만 따로 떼어놓고 봤을 때 전체적인 내용을 이해할 수 있어야 한다. 키워드의 조합만으로 전체 내용이 유추되지 않는다면 키워드가 누락된 것이니 다시 찾아야 한다. 키워드는 핵심 내용을 담고 있으므로 잘 전달되어야 하고, 그러기 위해서는 리듬을 실어 생동감 있게 말해야 한다.

예문의 첫 문장을 살펴보면 '출근길, 내륙 지방, 안개'가 키워드다. 우리는 이 세 단어만 보고도 '아~ 출근길에 내륙 지방에 안개가 낀다는 거구나'라고 내용을 이해할 수 있다. 이렇게 중요한 단어이니 신경 써서 말하는 것이다.

오늘 아침 **출근**길에는 일부 **내륙** 지방에 **안**개가 끼어 있습니다.

춘천과 진주 부근에 가시거리가 **짧**은 편인데요.
안전 운전하셔야겠습니다.

낮 동안에는 야외 활동하기 무**난**한 날씨를 보이겠습니다.
기온이 어제만큼 **오**르겠고 **맑**은 하늘도 되찾겠습니다.

하지만 밤부터 내일 오전 사이에는
일시적으로 다소 차**가**운 날씨를 보이겠습니다.

날씨였습니다.

이렇게 키워드를 추출했다면, 키워드 첫음절은 낮은 톤으로 길게 한다. 그러면 두 번째 음절의 톤은 가장 높아진다. 그런 다음 나머지 음절을 빠르고 짧게, 톤을 내려서 마무리하면 된다.

이것을 아주 쉽게 익히는 방법이 있다. 문장 기호의 물결표(~)와 같이 말하는 것이다. 예를 들어 '출~근길에는'이라고 말하는데, 이것을 발음대로 표기하면 [추울근끼레는]이다. '고저'라는 높낮이와 '장단'이라는 길고 짧음에서 오는 변화가 리듬을 만들어내기 때문에 고저장단을 잘 지켜야 한다. "출~근길에는[추울근끼레는], 내~륙 지방에[내에륙 찌방에], 안~개가[아안개가], 짧~은 편인데요[짜알븐 펴닌데요], 낮~동안에는[나안똥아네는]." 이런 식으로 키워드에 모두 적용해 연습하면 금방 리듬을 익힐 수 있다.

다만 예외적으로 '무난~한 날씨를[무나안한 날씨를]' '차가~운 날씨를[차가아운 날씨를]'과 같은 부분은 두 번째 음절을 길게 높여서 말한다. 키워드만 따로 떼어서 연습한 후 원고 전체를 여러 번 연습해보자.

- **출**~근길에는[추울근끼레는]
- **내**~륙 지방에[내에륙 찌방에]
- **안**~개가[아안개가]
- **짧**~은 편인데요[짜알븐 펴닌데요]
- **낮**~동안에는[나안똥아네는]
- **오**~르겠고[오오르겓꼬]
- **맑**~은 하늘도[마알근 하늘도]

[예외]
- **무난**~한 날씨를[무나안한 날씨를]
- **차가**~운 날씨를[차가아운 날씨를]

상냥하고 친절한 말투의 비밀

말에 리듬을 넣어 생동감 있게 말하는 연습은 주로 감정 표현에 서툰 사람, 영혼 없이 말하는 사람, 무뚝뚝한 사람에게 유용하지만, 상냥하고 친절한 말투로 말하고 싶은 사람에게도 효과가 탁월하다. 특히 호텔리어나 서비스직에 계신 분들이 이 방법을 배운 후로 상사와 고객들에게 높은 서비스 만족도를 받았다며 나에게 감사함을 표했다. 예비 승무원들도 항공사에 합격하는 사례가 속출했을 뿐만 아니라 현직 승무원도 코칭을 받고 나서 가장 높은 기내 방송 자격을 받기도 했다.

이번에는 기내 방송문에 적용해 마치 승무원이 된 것처럼 연습해보자.

- **손**~님 여러분[소온님 여러분]
- **도**~착했습니다[도오차켙씀니다]
- **소**~중한 여행을[소오중한 여행을]
- **감**~사합니다[가암사함니다]
- **모**~시는 마음으로[모오시는 마음으로]
- **약**~속드립니다[야악쏙드림니다]

손님 여러분, 우리 비행기는 _____에 **도**착했습니다.

지금 이곳 시간은 __월 __일 오전(오후) __시 __분이며,
기온은 섭씨 __도입니다.

손님 여러분, 오늘도 여러분의 **소**중한 여행을
스카이팀 회원사인 대한항공과 함께해주셔서 대단히 **감**사합니다.

저희 승무원들은 앞으로도 한 분 한 분 특별히 **모**시는 마음으로
고객 여러분과 늘 함께할 것을 **약**속드립니다.
감사합니다. 안녕히 가십시오.

●
단음보다 길게 소리내는 장:음

지금까지 중요한 내용에 고저장단을 살려 리드미컬하게 말하는 연습을 해봤다. 마지막으로, 말에 리듬을 주기 위한 방법으로 장음을 활용해보는 것도 좋다.

우리말에는 모양은 같으나 뜻이 다른 동음이의어(同音異義語)가 7,500쌍 정도가 있다고 한다. 이렇게나 많은 동음이의

어가 왜 존재하는 것일까? 그것은 음의 길이를 통해 의미를 구분하고 우리말의 맛을 더하기 위해서이다. 예를 들어 점점 늘어나는 흐름이나 경향을 나타내는 뜻의 증가세는 [증가세]로 말하는 것이 맞고, [증가쎄]는 틀리다. 만약 지방세의 하나로써 증가세를 말할 때는 [증가쎄]로 발음하는 것이 맞다. 이것은 소유하고 있는 재산의 가격이 증가함에 따라 생긴 이익에 대해 부과하는 세금을 의미하는 말이다. 즉 흐름을 나타내는 용어는 [세], 세금 관련 용어는 [쎄]로 발음하며 의미를 구분지어 말한다. 따라서 혼조세[혼조세], 상승세[상: 승세], 유류세[유류쎄], 소득세[소득쎄]라고 말해야 한다.

보통 장음은 단음보다 1.3배~1.5배 정도의 길이로 발음하면 된다. 또한 어휘의 첫 음절에서만 지키는 것이 원칙이다. 다만 합성어의 경우에는 둘째 음절 이하에서도 분명한 긴소리를 인정한다. 예를 들어 반신반의(半信半疑)는 [반: 신바: 늬/반: 신바: 니]로 발음한다.

모든 장음을 제대로 지켜 말하는 것은 아나운서의 의무이다. 하지만 보통의 사람이 그 정도의 노력을 기울이기는 어렵고, 그럴 필요도 없다. 다만 나는 자신의 전문 분야에 자주 나오는 단어 만큼은 장음을 살려 말하라고 이야기한다. 특정 분야의 용어는 대부분 비슷하고 반복적으로 쓰이기 때문에 처음에 몇 번만 찾아봐도 꽤 많은 데이터가 쌓인다.

어떤 단어가 장음인지 확인하는 방법은 어렵지 않다. 국립국어원 홈페이지에 들어가 '표준대국어사전'에서 특정 단어를 검색하면 장단음을 확인할 수 있다. 장음인 단어의 한자를 쓰는 단어는 모두 장음이니, 한 번만 확인해도 많은 장음을 지켜 말할 수 있다. 우리에게 익숙한 단어들의 장음들을 다음 표를 참고해 함께 연습해보자.

豫	미리 예:	예 예:금, 예:견, 예:상, 예:산, 예:정, 예:비 등
意	뜻 의:	예 의:지, 의:견, 의:미 등
進	나아갈 진:	예 진:보, 진:출, 진:전, 진:행 등
會	모일 회:	예 회:의, 회:사, 회:장, 회:담, 회:식 등
報	알릴 보:	예 보:도, 보:고 등
運	움직일 운:	예 운:전, 운:반, 운:행, 운:용, 운:영 등
求	구할 구:	예 구:호품, 구:조단, 구:명, 구:출 등
市	시장 시:	예 시:정, 시:중, 시:청, 시:장, 시:민 등
競	겨룰 경:	예 경:기, 경:쟁, 경:매 등
反	되돌릴 반:	예 반:대, 반:발 등
返	돌려줄 반:	예 반:환, 반:송, 반:품 등

감정을 실어
말하면 공감한다

| 最 | 가장 최: | ㉒ 최:대, 최:신, 최:악, 최:종 등 |
| 事 | 일 사: | ㉒ 사:례, 사:태, 사:건, 사:고 등 |

*숫자 장음 11개
2, 4, 5, 열, 쉰, 만, 두, 세, 네, 석(서), 넉(너)

의미를 더욱 정확하게 전달하고 말에 리듬을 살리고 싶다면 이제부터 같은 단어라도 소리의 장단을 지켜 말하는 습관을 길러보자. 사소한 말하기 습관들이 쌓이고 쌓여 우리말에 대한 관심이 커지고, 그러면 우리말을 더욱 올바르게 사용하게 될 것이다.

스토리텔링으로
가슴을 흔들어라

　　스토리는 지식이나 정보보다 훨씬 더 강한 설득력이 있다. 청중을 감정적으로 끌어당기기 때문이다. 청중과 공감하고 소통하고 싶다면, 청중을 설득하고 싶다면 반드시 스토리텔링Story-telling을 해야 한다. 자신이 직접 겪은 경험이나 남의 이야기, 타인에게 전해 들은 이야기, 뉴스나 책에서 접한 이야기를 활용하면 된다.

　　스토리에는 인물이 등장하고 이야기의 줄거리인 플롯plot이 있다. 그 속에 갈등과 해결의 과정이 들어가야 더욱 드라마틱한 스토리가 완성되며, 이야기 속에 담긴 핵심 메시지를 자연스럽게 받아들이게 된다.

감정을 실어
말하면 공감한다

사람의 마음을 움직이는 스토리를 준비했다면 이제는 역동적으로 전달해야 한다. 몸짓언어와 감정표현을 적극적으로 활용하면 청중의 마음속에 감정을 불러일으키면서 상호공감대를 형성할 수 있다.

● '설명'보다 '서사'의 힘이 강하다

『TED처럼 말하라』에서 소개된 오바마의 연설은 스토리텔링의 정수를 보여준다. 2004년 민주당 전당대회의 키노트 연설자로 선정된 버락 오바마는 당시 일리노이주 상원의원이었지만 전국 무대에서는 잘 알려지지 않은 인물이었다.

그는 키노트 연설을 통해 전국적으로 유명 인사가 되었고, 차기 대통령 주자로서 잠재력을 인정받게 되었다. 그는 연설을 시작한 지 1분도 되지 않아 연설의 핵심 주제와 관련된 이야기를 시작한다.

버락 오바마, 2004년 민주당 전당대회의 키노트 연설

오늘은 저에게 아주 명예로운 밤입니다. 왜냐하면 이 무대에 제가 서 있는 건 정말 신기한 일이기 때문입니다. 제 아버지는 케냐의 작은 마을에서 태어나 미국으로 공부하러 온 학생이었습니다. 케냐에서는 염소를 몰며 자랐고 양철지붕을 얹은 학교를 다녔습니다. 제 할아버지는 영국인 가정의 하인이자 요리사였습니다.

하지만 할아버지는 자식에 대한 보다 큰 꿈을 가지고 있었습니다. 근면하고 성실하게 어려움을 견딤으로써 아버지는 장학금을 받았고 꿈의 장소에서 공부할 수 있었습니다. 그 마법과 같은 장소는 미국입니다. 미국은 과거 케냐 사람들에게 자유와 기회의 등불을 밝혀줬던 곳입니다.

아버지는 거기서 공부하시는 동안 어머니를 만났습니다. 어머니는 세계의 반대쪽에 있는 캔자스의 한 마을에서 태어났습니다. 외할아버지는 석유 시추공과 농군으로 대공황을 버텨냈습니다. 진주만 습격 사건 다음 날 군에 입대해 패튼 장군의 군대에 배속되어 유럽으로 진군했습니다.

외할머니는 고향에서 자녀를 키우면서 폭탄 제조 공장에 다녔습니다. 전쟁이 끝나고 제대군인원호법 덕에 외조부모님은 집을 구입할 수 있었으며, 후에 서부로 이주했다가 기회를 찾아 하와이로 이주했습니다. 그리고 두 분도 역시 당신들의 딸에게 큰 기대를 가지고 있었습니다. 비록 대륙은 다르지만 꿈만은 같았던 겁니다.

감정을 실어
말하면 공감한다

제 부모님은 아주 멋진 사랑을 나누셨을 뿐만 아니라 이 나라의 가능성에 대한 변치 않는 믿음도 나누셨습니다. 부모님은 저에게 아프리카식 이름을 지어주셨습니다. '축복'을 의미하는 '버락(Barack)'이란 이름에는 관용의 나라인 미국에서 이름이 성공에 장애가 되지는 않을 것이란 믿음이 담겨 있습니다. 부모님은 제가 미국에서 가장 좋은 대학에 가기를 꿈꾸셨습니다. 비록 우리 집은 가난했지만요.

왜냐하면 관대한 나라 미국에서는 잠재력을 발휘하기 위해 꼭 부자가 될 필요는 없었으니까요. 제 부모님들은 지금 모두 돌아가셨습니다. 하지만 저는 압니다. 오늘 밤, 우리 부모님께서 저를 자랑스러운 눈으로 보고 계시다는 것을.

그분들은 여기 함께 있습니다. 그리고 저는 여기에서 제 유산의 다양성에 감사하고, 제 사랑스러운 두 딸에게도 부모님의 꿈이 살아 있음을 느낍니다. 제 이야기는 보다 큰 미국의 이야기 중 일부라는 걸 알고 있으며 선조들에게 제가 빚지고 있음을, 또 이 지구상에서 미국 외의 어떤 나라에서도 이런 이야기가 가능하지 않을 것임을 압니다.

최근 개그우먼 이영자씨가 군부대에서 한 강연도 화제가 되었다. 그는 군 장병들에게 콤플렉스 덩어리였던 학창 시절과 아들에 대한 엄마의 편애 등 자신의 이야기를 허심탄회하게 들려주며 "군대에 있는 1년 8개월 동안 자신에게 가장 집중하면서 콤플렉스나 열등감을 없애라"라고 감동의 메시지를 전했다. 개그우먼답게 진지함과 유머가 어우러진 멋진 강연으로 청중에게 웃음과 눈물을 자아냈다.

이영자, 2018년 군부대 강연

제가 살면서 가장 힘들었던 건 상황이 아니에요. 환경도 아니었어요. 나도 모르게 왜곡된 열등감, 콤플렉스였어요.
우리 집이 생선가게였기 때문에 나에게는 항상 비린내가 난다는 게 콤플렉스였어요.
흠흠흠(냄새 맡는 행동)… 이것만 하면 너무 기가 죽는 거예요.
나 혼자만 '애들이 냄새 난다고 하면 어떡하지?' 벌벌 떨었어요.
근데 지금까지도 이게 습관이에요. 음식 냄새 맡는 게 아니에요.
습관이에요. 사실은.

나와 상관 없이 걔가 맡은 거고 "어? 무슨 냄새지?"라고 하면 나만 뜨끔한 거예요. 그렇게 말하는 친구들하고 싸우고, 늘 왜곡되고 굴곡지게 봤던 것 같아요.

또 우리 어머니는 철저히 남아선호사상이 있었어요.
나는 나중에 알았어요. 닭 뒷다리가 그렇게 맛있는 건 줄.
다리는 오빠 거, 닭 날개는 아버지 거, 엄마가 나에게는 목살을 주는 거예요.
엄마의 시대에는 아들을 못 낳으면 쫓겨났거든요. 그래서 그런 시대에 살았던 엄마였기 때문에 아빠, 오빠만 너무 많이 사랑했어요.
그래서 나는 그런 콤플렉스가 있어요. 누가 좋아한다고 그러면 어색하고 민망해요. 나도 모르게 열등감이 있는 거예요.

'나를 사랑한다고?' '나를 좋아한다고?' 특히 남자가 좋아한다고 하면 '얘가 급전이 필요한가?' (청중 웃음) '이게 왜 그러지?' 의심이 가는 거예요.

…중략…

그래서 기왕 군대에 왔으니까, 어차피 이 시간은 채워야 하잖아요.
그러면 나에게 가장 집중할 수 있는 시간이기도 하잖아요.
여러분이 군대에 있는 1년 8개월 동안 자신에게 집중해서 스스로 물어봤으면 좋겠어요.
내 콤플렉스, 내 열등감은 무엇인지. 그걸 찾아내서 박살을 냈으면 좋겠어요. 그러면 세상에서 어떤 소리를 하더라도 잘못 해석해서 내가 망가지지 않아요.
콤플렉스는 나만 망가지는 게 아니라 나를 사랑하는 가족까지 망가뜨릴 수 있습니다.

● '보통명사'가 아닌 '고유명사'로 실감나게

스토리텔링은 이야기의 힘이 강력하다. 우리가 드라마나 영화에 쉽게 빠져드는 이유도 이야기 자체가 매력적이기 때문이다. 여기에 스토리의 매력을 드높이려면 '고유명사'로 실감나게 말하는 것이 좋다. 고유명사는 명사(名詞)의 일종으로 특정한 대상 또는 유일한 대상을 가리킨다. 같은 명칭을 가진 집합에 속하는 어떠한 대상이라도 보편적으로 가리킬 수 있는 보통명사(普通名詞)와 대립된다. 인명, 지명, 상호 등이 대표적인 고유명사이다.

그래서 스토리텔링을 할 때는 "내 친구가"라고 하기보다는 "내 친구 수연이가" "지하철역에서 이런 일이 있었어"라고 하기보다는 "강남역에서 이런 일이 있었어"와 같이 고유명사로 특정해서 구체적으로 말할수록 이야기에 생동감이 생긴다. 마치 청중의 머릿속에 이미지를 그려주듯이 말하자.

드라마 〈D.P〉에서 흡입력 있는 연기를 보여준 조현철 배우가 고유명사를 활용해 생생하게 말하는 대표적인 인물이다. 2022년에 그가 국내 한 잡지사와 나눴던 인터뷰를 본 적이 있는데, '사랑'이라는 보통명사를 고유명사로 표현하는 것을 보고 무척 놀랐다.

그는 "무엇을 볼 때 사랑의 힘을 느끼나요?"라는 질문에 이렇게 답한다. "요즘은 매일 목련을 지켜보는데, 목련이 겨울 동안 자기 줄기에서 수액을 순환시키고, 겨울 눈을 틔워 그 안에서 겨울을 이겨내고, 봄에 꽃을 피우고, 꽃잎이 떨어진 자리에 열매를 맺는 작동 방식 안에 사랑이 있다는 생각이 들어요. 모든 게 때가 있고, 때를 기다리면서 자신의 몫을 성실히 해나가는 흐름 안에 근원적 사랑이 있다고 생각해요. 예전에는 이걸 인류애라고 생각했었는데, 약간 더 넓혀지고 있나봐요. 인류, 그러니까 인간만의 얘기가 아닌 거예요. 저 나무들 안에 사랑이 있고, 저한테 '다 기다리면 된다'라고 말했던 그 산방산에도 일종의 사랑이 있다는 생각이 계속 들어요. 이러나저러나 사랑이 '있다'라는 이야기를 하고 싶어요."

철학적이면서 언어의 묘미를 살린 멋진 인터뷰였다. 나는 그의 인터뷰를 보고 자연스럽게 목련과 목련이 자라는 과정이 떠올랐고, 내가 제주도에 갔을 때 봤던 산방산이 내 머릿속에 들어와 생생하게 느껴졌다. 이것이 바로 스토리텔링의 힘이고, 언어의 힘이다.

이처럼 스토리텔링을 할 때 보통명사보다는 고유명사로 이야기하면 청중을 내 이야기에 더욱 몰입시키고 감정을 흔들 수 있다.

프랑스의 작가이자 사상가인 장 폴 사르트르Jean Paul Sartre는 "인간은 세상사 모든 것을 이야기를 통해 이해한다"라고 했다. 우리의 삶은 이야기의 연속이며, 누구나 희로애락의 이야기가 있다. 거창한 이야기가 아니라 자신만의 진솔한 이야기로 청중의 마음을 열어보자. 스토리를 통해 청중이 공감하고 감동받을 때 비로소 자신이 전하고자 하는 메시지가 자연스레 스며들 것이다.

부록

의사소통 불안감 척도

공신력과 발표 불안증 관련 연구의 대가 맥크로스키 박사가 개발한 '자기 보고식 의사소통 불안감 척도(Personal Report of Communication Apprehension)를 바탕으로 김은성 국내 1호 스피치 커뮤니케이션 박사(KBS 아나운서, 한국어연구부장)가 수정 보완했다. 이 척도는 총 12개 문항으로 구성되어 있으며 '대화, 집단, 회의, 스피치'라는 네 가지 상황에서의 불안 정도를 나타낸다.

〈자기 보고식 의사소통 불안감 척도〉

다양한 의사소통 상황에서 느끼는 나의 기분	전혀 그렇지 않다 (1점)	약간 그렇지 않다 (2점)	보통 이다 (3점)	약간 그렇다 (4점)	아주 그렇다 (5점)
1. 일반적으로 그룹토론에 참여하는 동안 편안하다.					
2. 그룹토론에 참여하고 싶다.					
3. 그룹토론에 참여하는 동안 침착하고 느긋하다.					
4. 회의에 참여하는 동안 보통 침착하고 느긋하다.					
5. 회의에서 견해 피력을 요청받을 때 침착하고 느긋하다.					
6. 회의에서 질문에 답할 때 매우 느긋하다.					
7. 사람들 앞에 나서서 말하는 것을 두려워하지 않는다.					
8. 보통 대화하는 동안 아주 침착하고 느긋하다.					
9. 새로 알게 된 사람과 대화하는 동안 매우 느긋하다.					

10. 스피치를 하는 것에 대한 두려움이 없다.					
11. 스피치를 하는 동안 느긋하다.					
12. 스피치를 해야 할 경우 자신을 가지고 대처해나간다.					
나의 점수 _____ 점					

※ 진단 결과

- **40점 이상** : 의사소통의 문제가 없는 상태.
- **35점~39점** : 의사소통에 약간의 문제는 있으나 걱정할 필요는 없는 상태.
- **25점~34점** : 의사소통의 문제가 있으므로 훈련이 필요한 상태.
- **24점 이하** : 의사소통에 심각한 문제가 있는 상태로 체계적인 훈련이 시급한 상태.

※각 항목을 5점으로 두고 체크했을 경우,
총점(12×5=60)에 아나운서는 평균 40점, 발제와 발표를 자주 하는 대학생의 경우는 35점

성대 이상 유무 확인을 위한 자가 진단

☐ 숨을 깊이 들이마신 후 '아' 또는 '이' 소리를 내었을 때 15초 이상 가지 못한다.

☐ 오랜 시간 말을 하고 난 후에 쉽게 목이 아프거나 목소리가 갈라진다.

☐ 아침에 일어났을 때 목에 뭔가 걸려 있는 듯한 이물감을 느끼고 목소리가 잘 갈라진다.

☐ 감기 증상이 없는데도 2주 이상 쉰 목소리가 지속된다.

☐ 쉽게 목소리가 잠기고 변하는 타입이다.

☐ 말을 할 때 목소리가 떨리고, 말을 잘 더듬는다.

☐ 술과 담배, 커피 등 카페인이 많은 음료를 자주 마신다.

☐ 감기가 걸린 상태가 아닌데도 코맹맹이 소리가 주로 난다.

☐ 혀 짧은 발음을 많이 한다.

☐ 발음이 부정확하여 웅얼웅얼거리는 말소리를 주로 한다.

※ 진단 결과

- **1~2개** : 관리해 온 것은 아니지만 아직까지는 성대의 상태가 양호하다. 하지만 목소리가 얼굴보다 빨리 늙는다는 사실. 피부 노화만 신경 쓸 게 아니라 건강한 목소리 상태를 유지하도록 힘써야 할 때다.
- **3개 이상** : 성대나 구강, 비강 등의 문제로 인해 부정확한 발성이 되는 상태이다. 이러한 증상이 계속된다면 목소리를 만들어내는 기관의 문제 유무를 판단하기 위해 이비인후과 전문의의 검진을 받아보는 것이 좋다.

부록

말하기 실력 자가 진단

※ 진단하는 방법

1) 문항을 읽고 자신의 평소 모습을 생각하면서 빠르게 응답한다.
2) 이상적으로 바라는 모습이 아닌 평소 모습을 떠올린다.
3) 공란에 ○표시를 한다.
4) 예 0점, 아니오 1점으로 계산하여 각 점수를 합산한다.

세부 문항	예	아니오
01. 말하다 보면 표정이 굳어진다.		
02. 많은 사람 앞에서 말할 때는 말문이 막힌다.		
03. 발표할 때 손을 어떻게 해야 할지 모르겠다.		
04. 발표를 망친 경험이 많다.		
05. 일목요연하게 말하지 못한다.		
06. 말이 너무 빠르거나 느리다는 이야기를 듣는다.		
07. 발표를 앞두고 심장이 두근거리고 땀이 난다.		
08. 발표를 못 해서 지적받거나 인정받지 못한다.		
09. 말의 핵심이 없고 장황한 편이다.		
10. 목소리가 너무 크거나 작아서 소통이 어려울 때가 있다.		
11. 발언할 기회가 있어도 회피하고 사양하고 만다.		
12. 발표가 끝나고 복기하거나 피드백을 받지 않는다.		
13. 사투리와 부정확한 발음 때문에 불편할 때가 있다.		
14. 평소에 글이나 책을 자주 읽지 않는다.		
15. 아는 사람을 만나도 먼저 인사하지 않는다.		
16. 사람들 앞에서 무슨 말을 해야 할지 몰라 당황스럽다.		

17. 재미가 없어서 말하면 분위기가 썰렁해진다.		
18. 말할 때 청중(상대방)을 바라보는 것이 힘들다.		
19. 발표 전에 리허설 한 적이 없다.		
20. 좋은 글이나 문구, 기사 등을 봐도 저장해 놓지 않는다.		
21. 낯선 사람, 처음 보는 사람 앞에서 떨리고 긴장한다.		
22. 상대방에게 칭찬보다는 지적을 하는 편이다.		
23. 상대에게 부탁이나 거절을 잘 못한다.		
24. 말 잘하는 사람을 보면 자책하고 좌절한다.		
25. 발표 준비를 계획적으로 하지 않는다.		
26. 말할 때 정확한 단어나 문장이 떠오르지 않는다.		
27. '~인 것 같습니다.'등 애매모호한 표현을 자주 쓴다.		
28. 가족이나 친한 사람과도 소통이 잘 안된다.		
29. 처음 보는 사람에게 말 걸기가 힘들다.		
30. 상대의 마음을 잘 모르겠다.		
합계		

※ **진단 결과**

1~10점: 언어이해와 표현이 부족한 상태.
기본적인 의사소통을 위해 자신감과 말하기 훈련이 필요하다.
11~20점: 말을 잘 하고 싶고 흥미가 있지만 수행이 낮은 상태.
준비와 연습을 통해 수행을 높이면 말하기 실력을 향상시킬 수 있다.
21~25점: 대중 앞에서 일정 수준의 말하기를 구사하는 상태.
돌발상황에 대한 순발력, 즉흥적인 말하기 실력을 키우면 좋다.
26~30점: 언어이해와 표현이 우수한 상태.
말하는 일을 전문적으로 할 가능성과 잠재력이 있다.

발성·발음 훈련

* 가로방향으로 각 행을 읽고, 세로방향으로 각 열을 읽는다.

* 처음에는 발성을 길게 1Set 읽고, 스타카토 발성으로 짧게 1Set 읽는다.
  (1Set = 가로 한 번, 세로 한 번)

	ㅏ	ㅑ	ㅓ	ㅕ	ㅗ	ㅛ	ㅜ	ㅠ	ㅡ	ㅣ
ㄱ	가	갸	거	겨	고	교	구	규	그	기
ㄴ	나	냐	너	녀	노	뇨	누	뉴	느	니
ㄷ	다	댜	더	뎌	도	됴	두	듀	드	디
ㄹ	라	랴	러	려	로	료	루	류	르	리
ㅁ	마	먀	머	며	모	묘	무	뮤	므	미
ㅂ	바	뱌	버	벼	보	뵤	부	뷰	브	비
ㅅ	사	샤	서	셔	소	쇼	수	슈	스	시
ㅇ	아	야	어	여	오	요	우	유	으	이
ㅈ	자	쟈	저	져	조	죠	주	쥬	즈	지
ㅊ	차	챠	처	쳐	초	쵸	추	츄	츠	치
ㅋ	카	캬	커	켜	코	쿄	쿠	큐	크	키
ㅌ	타	탸	터	텨	토	툐	투	튜	트	티
ㅍ	파	퍄	퍼	펴	포	표	푸	퓨	프	피
ㅎ	하	햐	허	혀	호	효	후	휴	흐	히

● 단계별 발성 훈련

* 단계적인 소리내기 – 낮고 작은 소리, 크고 높은 소리를 단계적으로 발성한다.

[5단계 발성]

둘 하면 둘이요(20)　　　　넷 하면 넷이요(40)

여섯 하면 여섯이요(60)　　여덟 하면 여덟이요(80)

열 하면 열이다(100)

[10단계 발성]

하나면 하나요(10)　　　　둘 하면 둘이요(20)

셋 하면 셋이요(30)　　　　넷 하면 넷이요(40)

다섯 하면 다섯이요(50)　　여섯 하면 여섯이요(60)

일곱 하면 일곱이요(70)　　여덟 하면 여덟이요(80)

아홉 하면 아홉이요(90)　　열 하면 열이다(100)

[오르내림 단계적 발성]

일곱 하면 일곱이요(70)　　다섯 하면 다섯이요(50)

셋 하면 셋이요(30)　　　　하나 하면 하나요(10)

넷 하면 넷이요(40)　　　　여섯 하면 여섯이요(60)

여덟 하면 여덟이요(80)　　열 하면 열이다(100)

● 발음하기 어려운 문장

*한 글자씩 또박또박 최대한 명확하게 발음한다.

*조금씩 속도를 붙여서 빠르게 읽는 연습을 한다.

저들의 콩깍지는 깐 콩깍지인가 안 깐 콩깍지인가.

깐 콩깍지면 어떻고 안 깐 콩깍지면 어떠냐?

깐 콩깍지나 안 깐 콩깍지나 콩깍지는 다 콩깍지인데

부록

육통 통장 적금통장은 황색 적금 통장이고
팔통 통장 적금통장은 녹색 적금 통장이다

작은 토끼 토끼통 옆에는 큰 토끼 토끼통이 있고
큰 토끼 토끼통 옆에는 작은 토끼 토끼통이 있다

앞뜰에 있는 저 말뚝은 말 맬만한 말뚝인가, 말 못 맬만한 말뚝인가.

저기 저 한국항공화물항공기는 출발할 한국항공화물항공기인가
출발 안 할 한국항공화물항공기인가

저기 저 뜀틀이 내가 뛸 뜀틀인가
내가 안 뛸 뜀틀인가

서울특별시 특허허가과 허가과장 허과장

저기 계신 저 분이 박 법학박사이시고,
여기 계신 이 분이 백 법학박사이시다.

저기 가는 상장사가 헌 상장사냐 새 상장사냐

내가 그린 기린 그림은 잘 그린 기린 그림이고
네가 그린 기린 그림은 못 그린 기린 그림이다.

복씨 땅콩 장수의 막 볶은 따뜻한 땅콩
안씨 땅콩 장수의 들 볶은 따뜻한 땅콩

건넛마을 김부자댁 시렁 위에 얹힌 푸른 청청 조좁쌀은
푸른 청청 조좁쌀이냐 안 쓸은 푸른 청청 조좁쌀이냐

박범복 군은 밤 벚꽃놀이를 가고
방범복 양은 낮 벚꽃놀이를 간다.

작년에 온 솥 장수는 헌 솥장수이고
금년에 온 솥 장수는 새 솥장수이다

호동이 문을 도로록, 드르륵, 두루룩 열었는가.
도루륵, 드로록, 두르룩 열었는가.

땅바닥 다진 닭발바닥 발자국
땅바닥 다진 말발바닥 발자국

박 법학박사 뿔물 뿌리는 소뿔물 뿌리고
곽 법학박사 뿔물 뿌리는 양뿔물 뿌리다

인천 간장공장 공장장은 장공장장이고,
부천 강장공장 공장장은 양공장장이다.

간장공장 공장장은 장 공장장이고, 된장공장 공장장은 공 공장장이다.

앞 집 팥죽은 붉은 팥 풋팥죽이고,
뒷집 콩죽은 햇콩 단콩 콩죽이다.

멍멍이네 꿀꿀이는 멍멍해도 꿀꿀하고,
꿀꿀이네 멍멍이는 꿀꿀해도 멍멍한다.

안촉촉한 초코칩 나라에 살던 안촉촉한 초코칩이
촉촉한 초코칩 나라의 촉촉한 초코칩을 보고
촉촉한 초코칩이 되고 싶어서 촉촉한 초코칩 나라에 갔는데
촉촉한 초코칩 나라의 문지기가 '넌 촉촉한 초코칩이 아니고
안촉촉한 초코칩이니까 안촉촉한 초코칩 나라에서 살라'고해서
안촉촉한 초코칩은 촉촉한 초코칩이 되는 것을 포기하고
안촉촉한 초코칩 나라로 돌아갔다.

스피치 개요서[1] - AMD

[주제]   [목적] 설명 / 설득 / 동기부여 / 오락
[핵심 메시지]

A Appetizer (Attention)	
M Main dish (Main contents)	
D Dessert (Desire)	

스피치 개요서(2) - PREP

P (Point)	
R (Reason)	
E (Example)	
P (Point)	

스피치 주제

- 내가 가진 좋은 습관
- 내가 들었던 최고의 칭찬
- 가장 기억에 남는 여행
- 가장 기억에 남는 선물
- 가장 기억에 남는 영화/드라마
- 자신을 색깔에 비유한다면?
- 자신의 얼굴(신체) 중에서 자신 있는 부분은?
- 자신을 사물에 비유한다면
- 하루의 일과를 말해보시오.
- 우리 가족을 소개한다면?
- 아침에 일어나서 가장 먼저 무엇을 합니까?
- 좋은 대화상대가 되는 방법
- 자신의 롤 모델/존경하는 인물과 이유
- 무인도에 가지고 가고 싶은 세 가지 물건
- 나만의 스트레스 해소법
- 나의 장점 및 단점
- 나의 좌우명 또는 생활신조
- 올해 안에 꼭 이루고 싶은 것

- 내가 생각하는 성공이란?
- 나의 최근 관심사(관심분야)
- 자신의 취미 및 특기
- 가장 좋아하는 친구에 대해서 말해보시오.
- 복권에 당첨된다면 그 돈을 어떻게 쓸건지?
- 다시 대학생이 된다면 해보고 싶은 일은?
- 사람을 사귈 때 가장 중요하게 생각하는 점은?
- 다시 태어난다면 무엇으로 태어나고 싶은지?
- 요술램프 요정에게 세 가지 소원을 빈다면?
- 묘비명을 어떻게 쓰고 싶은지?
- 가장 행복했던 순간과 가장 슬펐던 순간
- 좋아하는 TV프로그램은?
- 초능력이 생긴다면 어떤 능력을 갖고 싶은가?
- 당신이 생각하는 미인, 미남의 기준?

- 자신만의 건강관리 비법은?
- 내가 생각하는 행복/성공/사랑/우정/친구란?
- 조직 생활에서 가장 중요한 점은?
- 부모님에게서 내가 꼭 닮고 싶은 세 가지
- 나의 애국심을 점수로 매긴다면?
- 외국인에게 추천하고 싶은 우리나라 관광지는?
- 평소 건강관리는 어떻게 하고 있는가?
- 이민을 간다면 어느 나라로 가고 싶은가?
- 여자/남자/부모라서 행복을 느낄 때는 언제인가?
- 성형수술에 대해서 어떻게 생각하는가?
- 맞벌이 남자의 가사분담 영역은?
- 맞벌이의 좋은 점과 나쁜 점
- 사랑만으로 결혼이 가능하다고 생각하는가?
- 당신의 결혼상대자를 부모님께서 반대하신다면?
- 미래의 배우자가 첫 번째로 갖추어야 할 조건

- 어린 시절 꿈은 무엇이었는가?
- 학창 시절에 가장 기억에 남는 추억은 무엇인가?
- 고등학생 시절로 돌아간다면 하고 싶은 것
- 대학 시절의 가장 잊지 못할 추억이 있다면?
- 가장 기억에 남는 아르바이트는 무엇인가?
- 그간의 해외여행 경험에 대해 말해보시오.
- 첫인상이 사람에게 미치는 영향
- 노래방에서 즐겨 부르는 노래는 무엇인가?
- 추천 데이트 코스
- 외국인에게 소개할 문화유산
- 고향 자랑을 해보십시오.
- 다시 만나고픈 사람은?
- 대한민국이 자랑스웠을 때는?
- 한국인이 고쳐야 할 국민성 한 가지를 꼽는다면?
- 새로운 직업을 갖는다면 어떤 일을 하고 싶은지?
- 사회생활을 하면서 지켜야 할 가장 중요한 것

- 타임머신을 타고 어느 때로, 왜 가고 싶은지?
- 20년 후에 여는 타임캡슐에 넣고 싶은 것 세 가지
- 살면서 가장 힘들었던 때는 언제입니까?
- 사랑하는 연인과 꼭 한번 가보고 싶은 곳은?
- 할 수 있는 외국어는?
- 몇 살까지 살고 싶은지?
- 잘 다루는 악기가 있습니까?
- 더위를 이기는 방법, 추위를 이기는 방법
- 누구와 닮았다는 소리를 들으면 기분이 어떤가?
- 친구가 힘든 일 있을 때 어떻게 위로해줍니까?
- 자신이 했던 거짓말 중 가장 기억에 남는 것은?
- 싫어하는 사람과 같이 일하게 된다면?
- 지금까지 살면서 가장 후회되는 일은 무엇인가?
- 부모님과 의견출동이 생길 때 어떻게 하는가?

- 부모님께 가장 [불효/효도]한 것은?
- 통일에 대한 나의 생각은?
- 유니폼의 단점
- 홈페이지의 개선점
- 기내식에 어떤 메뉴를 추천하고 싶은가?
- 부모님이 남자친구와의 결혼을 반대한다면?
- 승무원에게 가장 중요한 [자질/덕목]
- 승무원에 잘 맞는 자신의 성격은?
- 안전과 서비스 중 어떤 것이 더 중요한가?
- 힘든 순간을 어떻게 극복하는가?
- 본인이 좋아하는 인간형과 싫어하는 인간형
- 자신의 좋지 못한 버릇 한 가지를 말해보시오.
- 지나온 과거 중에 가장 후회되는 일은?
- 인생에서 가장 가치 있는 일은?
- 저출산 대책 방안?
- 병역기피에 대해 어떻게 생각하고 있는가?
- 소통이란?

설명할 수 없다면 이해한 것이 아니다

"If you can't explain it simply, you don't
understand it well enough."
"만약 당신이 그것을 간단하게 설명할 수 없다면,
당신은 그것을 충분히 이해하지 못한 것이다."

역사상 가장 위대한 물리학자이자 세기의 천재로 불리는
알베르트 아인슈타인이 한 말이다. 교육 현장에서 나는 이 말
을 매우 절감한다. 내게 코칭을 받으러 오시는 분들이 각자의
분야에 대해 폭넓은 지식과 기술, 경험을 가졌음에도 불구하
고, 그것을 제대로 설명하지 못하고 횡설수설하는 일이 너무

나 많기 때문이다.

어느 날 세무법인에 근무하는 세무사가 우리 교육원에 찾아온 적이 있다. 그는 기업을 운영하는 대표이사들 앞에서 세무 지식과 합법적인 절세 방법에 대해 분기별로 강의해야 한다고 했다. PPT 강의안을 만들고 당일 참석자들에게 배부할 자료까지 준비를 마쳤는데, 정작 입으로 말이 잘 안 나온다는 것이다. 나는 그가 준비한 자료를 검토한 후 몇 가지 질문을 던졌다. 그러자 그의 대답이 막혔다. 나를 찾아오는 사람들은 이와 비슷한 사례가 많다. 대부분 자신이 잘 알고 있다는 착각에 빠지는 것이다. 그러나 말로 설명하지 못하면 아무 소용이 없다.

현재 우리는 지식 정보화시대에 살고 있다. 이제는 전 세계의 모든 지식을 언제든 온라인을 통해 쉽게 습득할 수 있다. 즉 무한대의 '입력'이 가능한 시대다. 하지만 그만큼 출력은 되지 못하는 실정이다. 그래서 나는 세상에는 두 가지 부류의 사람이 있다고 이야기하곤 한다. '아는 것을 말할 수 있는 사람'과 '아는 것도 말하지 못하는 사람'이다. 이제 더 이상의 입력을 멈추고 아는 것을 말할 수 있는 사람이 되었으면 좋겠다.

나의 이런 바람으로 이 책이 탄생했다. 그리고 이 책이 당신을 그렇게 만들어줄 수 있노라고 자신 있게 말한다. 단, 여기에는 전제조건이 있다. 반드시 책의 내용을 읽고 따라서 연습해야 한다는 것이다. 아는 것^{Knowing}과 하는 것^{Doing}의 차이는 하늘과 땅 차이다. 그 간격을 줄여나간다면 어느새 '아는 것을 말할 수 있는 사람'이 되어 있을 것^{Being}이다.

말하기는 누구나 배우면 잘할 수 있는 영역이다. 그래서 나는 집필하는 동안, 이 책을 만나게 될 독자들 생각에 희망에 부풀었고 마음이 벅찼다. 이러한 기대와 응원 속에서 여러분이 잘 말하는 사람으로 성장하길 진심으로 바란다.

주

- 공문선, 『마인드 리딩 커뮤니케이션』, 루이앤휴잇, 2018
- 내몸내아이, '신생아 엄마 아빠가 알면 좋은 정보', 네이버포스트, 2023.09.04
  (https://post.naver.com/viewer/postView.naver?volumeNo=36517133&memberNo=518793
  94&vType=VERTICAL)
- 리처드 노드 퀴스트, '수사학적인 질문은 무엇입니까?', EFerrit
  (https://ko.eferrit.com/%EC%88%98%EC%82%AC%ED%95%99%EC%A0%81%EC%9D
  %B8-%EC%A7%88%EB%AC%B8%EC%9D%80-%EB%AC%B4%EC%97%87%EC%9E%85%E
  B%8B%88%EA%B9%8C/)
- 박지윤, '수십억 춤추는 경매무대의 지휘자 "돈이 아닌 눈을 본다" [베테랑의 한끗]', 한국일보, 2024.04.19
  (https://v.daum.net/v/20240419110016305)
- 이상은, '발표를 잘 하고 싶다면', 국방일보, 2020.02.11
  (https://kookbang.dema.mil.kr/newsWeb/20200212/1/BBSMSTR_000000010050/view.do)
- 이현지, '동부제철 신용보증기금 채용, 면접 감점되는 버릇?···. 말끝 흐리기, 시선회피, 비속어 사용', 뉴스인
  사이드, 2015.11.10
- 예병일, '클린턴 박스 손동작', 예병일의 경제노트, 2019.11.07
  (http://www3.econote.co.kr/%ed%81%b4%eb%a6%b0%ed%84%b4-%eb%b0%95%ec%
  8a%a4-%ec%86%90%eb%8f%99%ec%9e%91/)
- 유동주, '트립닷컴 대표 "中인바운드 여행 강화···상하이 경유 무료투어 제공"', 머니투데이, 2024.06.09
  (https://news.mt.co.kr/mtview.php?no=2024060222561567567)
- 최훈, '0.1초 안에 결정되는 '첫인상'··· 게다가 바뀌지도 않는다', 헬스조선, 2024.02.20
  (https://health.chosun.com/site/data/html_dir/2024/02/20/2024022001223.html)

참고 사이트

- 나무위키 '구어체'(https://namu.wiki/w/%EA%B5%AC%EC%96%B4%EC%B2%B4)
- 나무위키 '문어체'(https://namu.wiki/w/%EB%AC%B8%EC%96%B4%EC%B2%B4)
- 유퀴즈 온 더 블록 EP.158 '오건영 편'(https://www.youtube.com/watch?v=Zf4j1QYHfmM)
- 유튜브 '국대폰' 채널(https://www.youtube.com/watch?v=2h4OV)Spk_Q)
- EFerrit(https://ko.eferrit.com/)

참고 문헌

- 강미정, 『비즈니스의 모든 순간은 스피치다』, 책식주의, 2017
- 아카시 카리아, 『TED처럼 말하라』, 정보문화사, 2014
- 이은성, 『마음을 사로잡는 파워스피치』, 2007
- 임정민·구자호 외 4명, 『아주 작은 성장의 힘』, 경향BP, 2021
- 임정민, 『관계를 망치지 않는 대화법』, 경향BP, 2023
- 정경진, 『내 인생을 바꾸는 3분 스피치』, 북앤라이프, 2009
- 허용·김선정, 『외국어로서의 한국어 발음 교육론』, 박이정출판사, 2006

■ **독자 여러분의 소중한 원고를 기다립니다** ─────────

메이트북스는 독자 여러분의 소중한 원고를 기다리고 있습니다. 집필을 끝냈거나 집필중인 원고가 있으신 분은 khg0109@hanmail.net으로 원고의 간단한 기획의도와 개요, 연락처 등과 함께 보내주시면 최대한 빨리 검토한 후에 연락드리겠습니다. 머뭇거리지 마시고 언제라도 메이트북스의 문을 두드리시면 반갑게 맞이하겠습니다.

■ **메이트북스 SNS는 보물창고입니다** ─────────

메이트북스 홈페이지 www.matebooks.co.kr

책에 대한 칼럼 및 신간정보, 베스트셀러 및 스테디셀러 정보뿐만 아니라 저자의 인터뷰 및 책 소개 동영상을 보실 수 있습니다.

메이트북스 유튜브 bit.ly/2qXrcUb

활발하게 업로드되는 저자의 인터뷰, 책 소개 동영상을 통해 책에서는 접할 수 없었던 입체적인 정보들을 경험하실 수 있습니다.

메이트북스 블로그 blog.naver.com/1n1media

1분 전문가 칼럼, 화제의 책, 화제의 동영상 등 독자 여러분을 위해 다양한 콘텐츠를 매일 올리고 있습니다.

메이트북스 네이버 포스트 post.naver.com/1n1media

도서 내용을 재구성해 만든 블로그형, 카드뉴스형 포스트를 통해 유익하고 통찰력 있는 정보들을 경험하실 수 있습니다.

STEP 1. 네이버 검색창 옆의 카메라 모양 아이콘을 누르세요. STEP 2. 스마트렌즈를 통해 각 QR코드를 스캔하시면 됩니다. STEP 3. 팝업창을 누르시면 메이트북스의 SNS가 나옵니다.